Almuth Bartl

Viele klitzekleine Spielideen für den Unterricht

Deutsch, Mathematik, Sachfächer, Sport, Kunst, Musik

Illustriert von Tom Espen

Auer Verlag GmbH

Gedruckt auf umweltbewusst gefertigtem, chlorfrei gebleichtem
und alterungsbeständigem Papier.

2. Auflage. 2000
Nach der Neuregelung der deutschen Rechtschreibung

Gesamtherstellung: Ludwig Auer GmbH, Donauwörth
ISBN 3-403-0**3249**-3

Inhaltsverzeichnis

1 Spaß mit Buchstaben

Rubbelbuchstaben

Kinder lieben es, Rubbelbilder herzustellen – warum also nicht auch von Buchstaben?
Die Buchstaben werden auf Sandpapier gemalt und ausgeschnitten. Dann klebt man jeden „Sandbuchstaben" auf ein Stück Pappe und übergibt diese den Schülern zum Rubbeln. Der Schüler legt ein Blatt Papier über den Rubbelbuchstaben und fährt jetzt mit gleichmäßigem Druck immer wieder mit dem flach gelegten Stift über das Papier. Wie von Zauberhand erscheint der Rubbelbuchstabe an der Oberfläche.

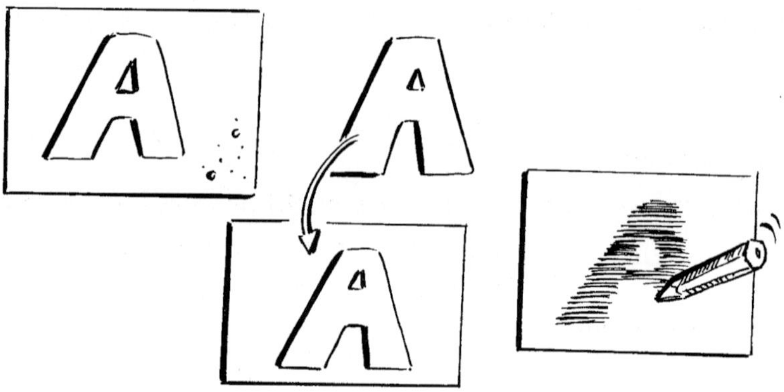

Ich sehe dich

Die Schüler sitzen im Kreis. Einer schaut einen beliebigen Mitschüler an und sagt: „Ich sehe Florian. Sein Name beginnt mit F!"
Hat der erste Schüler die Aufgabe richtig erledigt, darf der nächste Schüler, in unserem Beispiel Florian, das Spiel fortsetzen: „Ich sehe Hanna. Ihr Name beginnt mit H!"

Abc-Pflaster

Für dieses Spiel braucht man 52 gleich große Pflasterstreifen. Jedes Pflaster wird mit einem großen bzw. einem kleinen Buchstaben des Alphabets beschriftet.

A	a

Am Morgen, wenn die Kinder das Klassenzimmer betreten, bekommen sie auf die eine Hand das Pflaster mit dem Großbuchstaben geklebt, auf die andere Hand das Pflaster mit dem passenden Kleinbuchstaben.
Achtung: Sind mehr als 26 Kinder in der Klasse, werden entsprechend viele Buchstaben in Klein- bzw. Großbuchstaben unterteilt, sodass ein Kind z. B. nur das große A „verwaltet", ein anderes das kleine a.
Sind weniger als 26 Schüler in der Klasse, übernimmt die Lehrerin die seltenen Buchstaben wie Q, C und Y.

1. Das Pflaster-Alphabet

Das Kind mit dem A/a-Pflaster steht auf, sucht das Kind mit dem B/b-Pflaster und fasst es an der Hand. Gemeinsam suchen sie das Kind mit dem C/c-Pflaster usw., bis schließlich die ganze Klasse ordentlich nach dem Alphabet sortiert in einer Reihe steht.

2. Pflaster-Wörter

Die Lehrerin nennt ein beliebiges Merkwort, z. B. bald.
Sofort bilden die vier Kinder mit den entsprechenden Pflastern eine Reihe und heben die passenden Pflaster-Hände hoch.

3. Glückspilz

Wer hat zufällig einen Buchstaben bekommen, der in seinem Vornamen (Nachnamen, Wohnort, Straßennamen, ...) vorkommt?

4. Buchstabenrätsel

Die Lehrerin ruft bestimmte Schüler auf, die an die Tafel kommen sollen. Können diese Kinder jetzt mit ihren Buchstaben ein Wort zusammenstellen?

Tipp: Eine Allergie auf Heftpflaster ist zwar selten, aber sie kommt vor. Vergewissern Sie sich bereits am ersten Elternabend des Schuljahres bzw. am Tag der Schuleinschreibung, ob die Kinder an einer Allergie leiden.
Im Falle einer Pflaster-Allergie reicht es, wenn man das Pflaster statt auf die Haut des Kindes auf ein Blatt Papier klebt, das das Kind dann zum Spielen benützt.

Wörter raten

Die Schüler spielen in Gruppen zu je vier bis sechs Kindern zusammen. Ein Kind überlegt sich ein Wort, z. B. Flugzeug, und nennt den Anfangsbuchstaben, also F.
Jeder Mitspieler seiner Gruppe darf jetzt ein Wort mit F nennen. Ist das gesuchte Wort nicht dabei, gibt der erste Spieler den zweiten Buchstaben an, also l.
Wieder darf jeder Spieler ein Wort mit Fl nennen, z. B. Fliege, Floh, Fleisch. So wird Runde für Runde weitergespielt, bis das Wort erraten wird. Der Spieler, der das Lösungswort nennt, darf das nächste Worträtsel aufgeben.

Merkwörterpuzzle

Dies ist ein Spiel für zwei Kinder ab etwa sieben Jahren, die gerne mit Buchstaben spielen.
Zuerst suchen sich beide Kinder einen beliebigen Zeitungsartikel aus und rahmen ihn farbig ein. Dann bekommt jeder Spieler ein Blatt Papier und

einen andersfarbigen Buntstift und sucht sich aus einer Reihe Merkwörter ein beliebiges aus, das er auf sein Blatt schreibt.
Nach dem Auslosen, wer das Spiel beginnen darf, kann es losgehen:
Ein Spieler will das Wort „Krokodil" buchstabieren. Er sucht sich also im Text erst ein großes K und kreist es mit seiner Farbe ein. Der Partner will das Wort „Telefon" buchstabieren, sucht also ein großes T und kreist es in seiner Farbe ein. Nun ist der erste Spieler wieder an der Reihe und sucht den zweiten Buchstaben von „Krokodil", also ein kleines r. Er kreist es ein und zieht vom K zum r eine Linie in seiner Farbe.
Wichtig dabei ist, dass sich im Laufe des Spiels die Verbindungslinien der Buchstaben beider Kinder nie kreuzen. Wer ein Wort nicht fertig bekommt, weil er sonst entweder eine gegnerische Linie kreuzen müsste oder weil ein bestimmter Buchstabe nicht im Text vorkommt, notiert sich einen Minuspunkt. Dann sucht sich jeder Spieler einen neuen Buntstift und ein weiteres Merkwort aus und los geht es in die zweite Runde!

Wörterrahmen

Wenn man ein Wort, z. B. Auto, mit Bleistift in Druckbuchstaben aufschreibt, einen Rahmen darum malt und das Wort wieder ausradiert, entsteht eine Form wie folgt:

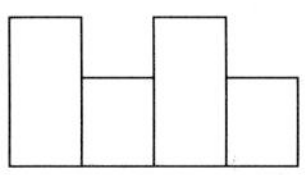

Auto

Zwei Schüler schreiben die Form eines beliebig kurzen Satzes auf ein Blatt Papier. Die Anzahl der Wörter sollte aber vorher festgelegt werden.
Beispiel:

Spieler A

A m   D i e n s t a g   h a b e n   w i r   S p o r t.

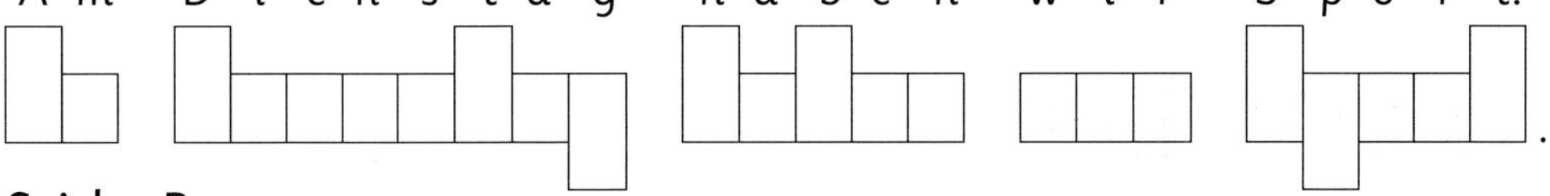

Spieler B

I m   W i n t e r   i s t   e s   k a l t.

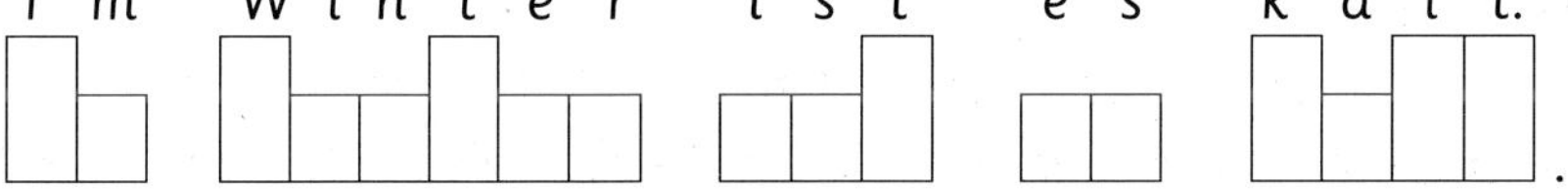

Die Spieler tauschen jetzt die Blätter mit den Wörterrahmen aus. Nun darf abwechselnd nach beliebigen Buchstaben gefragt werden. Spieler A fragt vielleicht nach e. Sein Spielpartner muss ihm nun genau angeben, wo in den fünf Rahmen ein e steht. Gewonnen hat der Schüler, der seinen Rahmensatz zuerst herausbekommt.

Wörterschlange

Dieses Spiel können die Schüler prima zu zweit spielen. Ein Spieler gibt ein beliebiges Wort, bestehend aus vier verschiedenen Buchstaben, vor, z. B. Wald.

Der Partner verändert einen beliebigen Buchstaben, sodass wieder ein sinnvolles Wort entsteht, z. B. Wild.

So kann das Spiel beliebig lang fortgesetzt werden. Wer kein neues Wort mehr bilden kann oder ein bereits genanntes Wort angibt, der hat leider verloren.

Beispiel: Wald, Wild, Bild, bald Ball, Hall, hell, heil, Heim, Leim, Lehm, lahm, Rahm, …

Das rasante Alphabet

Jeder Schüler erhält zu Beginn des Spiels ein Kärtchen mit einem Buchstaben des Alphabets. Sollten weniger als 26 Schüler mitspielen, nehmen einige Schüler zwei Kärtchen.

Die Lehrerin hält die Stoppuhr in der Hand und gibt das Startzeichen. Sofort legen die Schüler die Buchstabenkarten von A bis Z nebeneinander auf den Fußboden. Ist die Aufgabe erledigt, rufen die Schüler „Stopp!“ und die Lehrerin nennt die Zeit, die die Schüler brauchten, um die Aufgabe zu erfüllen. Diese Zeit wird notiert.

In der nächsten Spielrunde, die vielleicht am folgenden Tag stattfindet, versuchen die Schüler das Ergebnis vom Vortag zu verbessern oder sie probieren aus, ob sie das Alphabet auch rückwärts von Z bis A in Rekordzeit auslegen können.

Hexensuppe

Die Hexe steht vor der Klasse und wirft in ihren riesigen Suppentopf die seltsamsten Dinge, z. B. einen Filzstift, eine Feder, einen (Plastik-)Fisch, ein Feuerzeug.
Die Kinder schauen genau zu und wundern sich wahrscheinlich. Ihre Aufgabe besteht darin, das Rezept der Hexensuppe herauszubekommen. In unserem Beispiel wird die Suppe aus lauter Dingen gekocht, deren Namen mit F beginnen.
Weitere Rezepte für Hexensuppe:

- Dinge, deren Namen einsilbig sind, z. B. Fisch, Frosch, Heft.
- Dinge, in deren Namen ein ck oder ein tz, ein ie oder ein Doppellaut vorkommt.
- Dinge, deren Namen mit dem gleichen Buchstaben enden, z. B. Maus, Gras, Mais.

Die lebendigen Zeichen

Fordern Sie die Schüler auf, Buchstaben, Zahlen oder geometrische Formen mit ihren Körpern auf dem Boden auszulegen.
Fotografieren nicht vergessen!

Die Klassenepidemie der Rotgetupften

Eine Kollegin hat mit ihrer ersten Klasse folgenden Spaß eingeführt: Jedes Mal, wenn ein neuer Buchstabe gelernt wurde, erhielten die Kinder, die diesen Buchstaben in ihrem Vornamen führen, einen roten Punkt auf die Stirn. Das hat den Kindern riesigen Spaß gemacht und sie haben mit Freude alle Neugierigen aufgeklärt: „Ich habe den Punkt, weil ich M**o**nika heiße, mit **o**!“

Der Schreibschrift-Übungstisch

Eine helle Plastiktischdecke oder ein alter Duschvorhang wird über eine freie Schulbank gelegt.
Die Lehrerin gibt nun verschiedene Buchstaben, Buchstabenkombinationen und Wörter vor, indem sie diese mit einem schwarzen, wasserunlöslichen Folienstift mit Punkten markiert.
Ein Schüler, der etwas Schreibübung braucht, bzw. einer, der mit einer Aufgabe schneller fertig ist als die anderen, begibt sich an diesen Übungstisch und darf mit einem roten, wasserlöslichen Folienstift die vorgepunkteten Buchstaben auf die Tischdecke malen.
Sind alle Buchstaben nachgeschrieben worden, wischt man die roten Linien einfach mit einem feuchten Lappen wieder ab.

Tipp: 1. Der Anfang der Buchstaben wird jeweils mit einem grünen Punkt, ggf. auch noch mit einem Pfeil, der in die jeweilige Schreibrichtung zeigt, markiert.

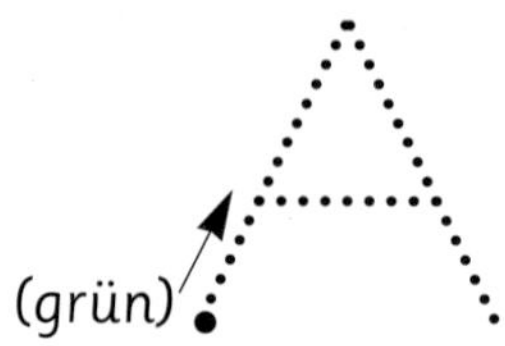

2. Anstatt vorgepunktete Buchstaben nachspuren zu lassen, kann man auf der Tischdecke auch „Riesen-Zeilen“ vorgeben und die Schüler darauf beliebige Buchstaben und Wörter üben lassen.

Merkwörter von A bis Z

Die Wortkärtchen mit Merkwörtern darauf, die man vielleicht für die Nachbereitung eines Fremddiktates oder für ein anderes Spiel angefertigt hat, werden an die Kinder verteilt. Jeder Schüler erhält eine Wortkarte.
Sobald das Startzeichen gegeben wird, sollen sich die Schüler in einer Reihe aufstellen, wobei der Anfangsbuchstabe des Merkwortes den Platz

in der Reihe vorgibt. Ganz vorne wird also ein Schüler stehen, dessen Wort mit einem A oder B beginnt, am Ende der Reihe bildet der Schüler das Schlusslicht, dessen Merkwort mit einem Buchstaben beginnt, der am Ende des Alphabets zu finden ist.
In der zweiten Spielrunde werden dann die Endbuchstaben nach dem Alphabet geordnet oder auch mal die zweiten und dritten Buchstaben der Merkwörter.

Buchstabieren – leicht gemacht

Manche Kinder tun sich beim Buchstabieren von Merkwörtern leichter, wenn sie dabei Buchstabe für Buchstabe eine Treppe hochsteigen, in die Hände klatschen oder Seilspringen dürfen. Auch das Einüben von Einmaleinsreihen geht auf diese Weise oft leichter.

Zeitungsquatsch

Jeder Spieler bekommt ein Stück von einer Zeitung. Nun soll er zuerst ein Wort finden, das mit A/a beginnt, dieses Wort mit einem Farbstift einkreisen und es auf den Block notieren.
Danach wird ein Wort mit B/b am Anfang gesucht usw. Seltene Buchstaben wie C, J, Q, X und Y können ausgelassen werden. Wer schließlich auch das letzte Wort, eines mit Z/z am Anfang, gefunden hat, beginnt mit dem zweiten Teil der Arbeit .
Mit möglichst vielen der ausgesuchten Wörter soll der Spieler nun einen einigermaßen sinnvollen Satz bilden. Jeder Spieler liest dann seinen Satz vor und darf sich pro Wort, das er von seiner A- bis Z-Liste untergebracht hat, einen Punkt gutschreiben.
Es gewinnt dann entweder derjenige, der die meisten Punkte hat, oder auch derjenige, der den lustigsten Zeitungsquatsch-Satz gebildet hat.

Buchstabennudeln

Kinder lieben Buchstabennudeln!

- Geben Sie einen bestimmten Buchstaben vor, z. B. B oder F, und lassen Sie die Kinder diesen Buchstaben aus ihrem Nudelvorrat aussortieren.
- Wer kann seinen Namen aus Buchstabennudeln legen?
- Wer kann die Merkwörter aus dem letzten Nachschriftentext mit Nudeln auf seinem Tisch auslegen?
- Wer findet in drei Minuten die meisten Selbstlaute in seinem Nudelvorrat?

Tipp: Buchstabenkekse

Wer Geburtstag oder einen anderen Grund zum Feiern hat, darf aus dem Keksvorrat der Lehrerin alle Buchstaben seines Namens heraussuchen, den Namen auslegen und die Kekse dann aufessen.

Das Buchstabenfest

Ein neuer Buchstabe wurde eingeführt und geübt. Grund genug für eine kleine Feier!

Am folgenden Tag darf jedes Kind so viele Dinge es will mit in die Schule bringen, deren Namen mit dem gelernten Buchstaben beginnen, z. B. bei **B** vielleicht eine Blume, ein Blatt, ein Puppenbett, ein Brot, eine Birne, eine Banane.
Ja, und natürlich darf dann jeder seine mitgebrachten Gegenstände vorstellen und wer weiß, vielleicht gibt es dann noch für jedes Kind einen Becher Brause und ein Bonbon!

Der Riesenbuchstabe

Der Buchstabe, der gerade neu gelernt wird, wird von der Lehrerin auf ein großes Stück Pappe oder auf einen Bogen stabiles Papier geschrieben. Danach dürfen die Schüler den Buchstaben mit Material bekleben, das ebenfalls mit dem betreffenden Buchstaben beginnt. Zum Beispiel füllt man ein B mit getrockneten Bohnen aus, ein N mit Nudeln, ein P mit Popcorn, das K mit in Scheiben geschnittenen Korken.
Sollte es kein entsprechendes aufklebbares Material zu einem Buchstaben geben, können Bilder aus Illustrierten ausgeschnitten und eingeklebt werden oder die Kinder malen selbst entsprechende Bilder in diesen Riesenbuchstaben.
Klar, dass die Buchstabenriesen im Klassenzimmer aufgehängt werden!

Das Buchstaben-Kim

Dieses einfache Kim wird in Partnergruppen gespielt.

Einer der Partner bereitet das Kim vor, indem er auf ein Blatt Papier zehn verschiedene Buchstaben schreibt.

W h O
m C g
S e R K

Auf ein zweites Blatt schreibt er die gleichen Buchstaben, „vergisst" aber einen.
Der Spielpartner hat nun 30 Sekunden Zeit, sich die Buchstaben auf dem ersten Blatt einzuprägen. Dann wird ihm das erste Blatt weg-

genommen und dafür das zweite gereicht. Spätestens nach weiteren 30 Sekunden muss er angeben, welcher Buchstabe auf diesem Blatt fehlt.

S	R	O
e	m	h
W	g	C

Tipp: Die Kim-Blätter einsammeln, aufheben und ein andermal an die Schüler verteilen. So spart man die Vorbereitungszeit.

Das ordentliche Abc

Jeder Spieler schneidet ein kleines Stück Pappe in acht Teile und beschriftet jeden Teil mit einem beliebigen Buchstaben des Alphabets.

V	**B**	**L**	**S**
D	**K**	**H**	**N**

Sind alle Kinder mit dem Beschriften fertig, tauschen die Banknachbarn ihre Buchstabenkärtchen.
Und jetzt wird es spannend!
Jeder Schüler legt die Kärtchen in alphabetischer Reihenfolge aus, also in unserem Beispiel folgendermaßen:

B	**D**	**H**	**K**	**L**	**N**	**S**	**V**

Wer fertig ist, ruft „Stopp!“. Die Banknachbarn kontrollieren gegenseitig die Buchstabenreihen. Wer hat alle Kärtchen in die richtige Reihenfolge gebracht?
Sind beide Reihen richtig ausgelegt, gewinnt der schnellere Spieler.

Schreiben macht Spaß, ...

... wenn man zur Abwechslung einmal
- die Wörter mit dem Finger in die Luft schreibt.
- mit einem Stift, den man sich zwischen die Zehen klemmt, auf einem großen Bogen Packpapier schreibt.
- an einem sonnigen Tag mit einer Gießkanne voller Wasser einzelne Buchstaben oder kurze Wörter auf den Asphalt „gießen“ darf.
- einzelne Buchstaben aus Plastilin formt und vielleicht aus mehreren Plastilinbuchstaben ein kurzes Wort auf den Tisch legen darf.
- Buchstaben mit dem Finger in den Sand schreibt.
- Buchstaben mit dem Finger an eine angehauchte Fensterscheibe schreiben darf.
- Buchstaben mit Fingerfarben an die Fensterscheibe schreibt.
- ein Wort ganz langsam, Buchstabe für Buchstabe, auf den Rücken des Banknachbarn schreibt.
- ein Wort aus Buchstabenkeksen „schreiben“ und später aufessen darf.
- ein Wort mit einem feuchten Faden auf die Bank „schreiben“ darf.
- ein Wort, z. B. den eigenen Vornamen, auf eine mit kleinen Löchern präparierte Pappkarte sticken darf.
- Buchstaben aus alten Illustrierten ausschneidet und damit Wörter auf die Bank „schreibt“.
- beim Schreiben Blaupapiere unterlegt und auf diese Weise gleich mehrere Durchschläge erhält.
- sein Lieblingswort ganz groß auf ein Blatt Papier schreiben und dann bunt ausmalen oder mit vielen Buntstiften nachspuren darf.
- an die Schultafel schreiben darf.
- vor einem Regenschauer auf den Asphalt im Schulhof mit Kreide schreiben darf.

Das Alphabet entlang

1. Alle Kinder stellen sich so auf, dass die Anfangsbuchstaben ihrer Vornamen in alphabetischer Reihenfolge sind, z. B. Anna, Bernd, Christine.

2. Wie würdest du heißen, wenn die Buchstaben deines Vornamens in alphabetischer Reihenfolge gesprochen werden müssten?
   Aus Flori würde ein „Filor“ und Moni hieße dann „Imno“.

Der Raupeneinkaufszettel

Wenn Raupen – solche hungrigen Raupen wie die kleine Raupe Nimmersatt – zum Einkaufen gingen, was würde da wohl auf ihrem Einkaufszettel stehen?
Ein Kind lässt seinen Zeigefinger zur Raupe werden. Und diese Raupe „krabbelt“ nun Buchstaben z. B. auf den Handrücken des Banknachbarn – eben den Raupeneinkaufszettel. Ein Buchstabe folgt dem anderen und am Ende ist ein nahrhaftes Wort entstanden.
Ehrensache, dass der Banknachbar die Augen schließt, während die Raupe schreibt! Da bekanntlich niemand hinten Augen hat, kann die Raupe ihren Einkaufszettel auch auf den Rücken des Banknachbarn schreiben.

Ich kaufe einen Wackelpudding

Hier können die Kinder ihr Taschengeld „sinnvoll“ anzulegen üben.
Einer nach dem anderen kauft ein, d. h. er benennt einen Gegenstand in

der Reihenfolge des Alphabets und sagt dazu, was er damit macht. Diese Tätigkeit muss nicht unbedingt sinnvoll sein, aber mit dem jeweils gleichen Buchstaben beginnen.
Beispiele:
„Ich kaufe einen Wackelpudding und werfe ihn an die Wand."
„Ich kaufe ein Buch und bastle daraus einen Bilderrahmen."
„Ich kaufe eine Riesenheuschrecke und reite mit ihr zum Radgeschäft."
Klar, dass X und Y unter den Tisch fallen müssen, aber wie wär es damit:
„Ich kaufe Zahnpasta und zertrümmere sie mit einem Ziegelstein."

Wortschatz-Rennen

Die Buchstaben des Alphabets (mit Ausnahme von C, Q, X und Y) werden einzeln auf kleine Zettel geschrieben. Es müssen mindestens so viele Zettel vorhanden sein, wie Kinder mitspielen. Gegebenenfalls werden bestimmte Buchstaben eben mehrmals vorkommen.
Die Zettel werden zusammengefaltet, in ein Körbchen gelegt und gut gemischt. Nun darf jeder Schüler einen Zettel ziehen, diesen jedoch erst öffnen, wenn auch der letzte Mitschüler einen in Händen hält.
So, und nun kann das Rennen starten. Jeder sucht nach möglichst vielen Wörtern, die mit dem Buchstaben auf seinem Zettel beginnen. Er notiert sie auf den Block. Beim Buchstaben **P** wären z. B. Pirat, Pinguin, Pinsel möglich.
Nach fünf Minuten legt jeder seinen Stift aus der Hand und zählt die gefundenen Wörter. Wer die meisten hat, liest vor.

Tipp: Anstelle von Zetteln kann man das Spiel auch prima mit Buchstabensteinen aus einem Scrabble-Spiel durchführen. Wer einen Joker zieht, darf zu seinem Lieblingsbuchstaben Wörter sammeln.

Weiche Buchstaben

Mit bunten Pfeifenreinigern werden Buchstaben oder Zahlen gebogen. Dann schließt ein Kind fest die Augen und der Partner führt seine Hand zu einem der weichen Gebilde. Der „Blinde" tastet genau ab und soll dann angeben, um welchen Buchstaben oder um welche Zahl es sich handelt.

Tipp: Die Buchstaben und Zahlen unbedingt für weitere Spielrunden aufheben!

Die Buchstaben-Clubs

Sobald das Startzeichen gegeben wird, sollen sich alle Schüler den Anfangsbuchstaben ihrer Vornamen entsprechend in „Buchstaben-Clubs" zusammenfinden.
Da gibt es dann vielleicht den „F-Club" mit den Mitgliedern Florian, Felina und Franz, den „C-Club" mit Christian, Carolyn und Cornelia usw.
Wer ist einziges Mitglied seines Clubs?
Welcher Club hat die meisten Mitglieder?
Welchem Club tritt die Lehrerin bei?
Variationen:

1. Wir spielen das gleiche Spiel mit den Nachnamen.
2. Wir bilden „Buchstaben-Clubs" nach der Anzahl der Buchstaben in Vor- bzw. Nachnamen.

Das lebendige Alphabet

Jeder Schüler bekommt einen Buchstaben des Alphabets zugewiesen, den er in „Sonntags"-Druckschrift auf ein Blatt Papier schreibt. Die Lehrerin hilft den Kindern, die Buchstaben mithilfe von Sicherheitsnadeln vorne an die Kleidung zu heften.
Sind alle Kinder auf diese Weise in lebendige Buchstaben verwandelt, wird das Startzeichen gegeben.
Die Kinder sollen sich nun schnell in alphabetischer Reihenfolge aufstellen.

Buchstabenringe

Vier gefüllte Buchstabenringe und ein bisschen Spaß am Wörterbasteln, dann kann das Spiel schon losgehen!

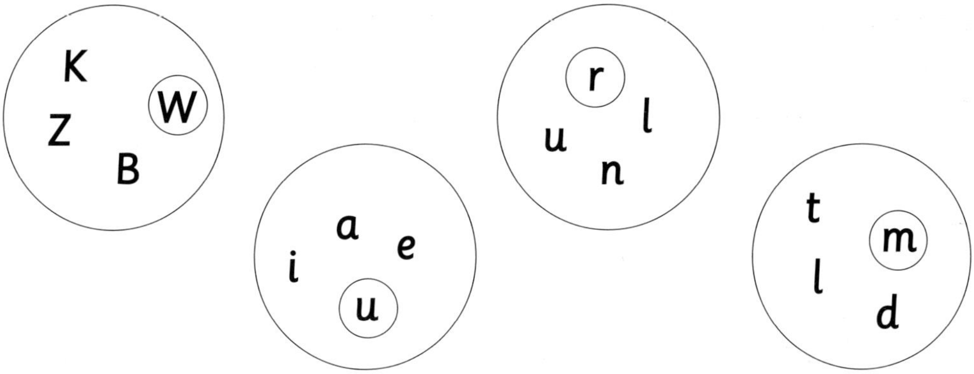

Jeder Spieler bildet abwechselnd ein Wort und benützt dazu aus jedem Ring einen Buchstaben.
Möglich wären in unserem Beispiel: Wurm, Zelt, Baum, Ball, ...

Lebendige Wörter

Die Lehrerin (später ein Schüler) gibt ein kurzes Wort vor, in dem kein Buchstabe doppelt vorkommt, z. B. Brot, Blume, Ast, Pinsel. Jedes Wort wird zusätzlich noch an die Tafel geschrieben.
Schnell kommen die Kinder an die Tafel, die einen der jeweils benötigten Buchstaben darstellen und formieren sich so, dass das vorgegebene Wort von den Mitschülern gut zu lesen ist.

Gefüllte Buchstaben

Für dieses Spiel braucht man kleine feste Buchstabenkärtchen, jedes etwa handtellergroß und mit einem großen Druckbuchstaben beschriftet.
Nun legen die Kinder die Buchstabenkärtchen auf dem Fußboden aus und suchen gleich zu jedem Plättchen einen Gegenstand, dessen Name mit dem gleichen Buchstaben beginnt. Die Dinge werden auf die Plättchen gelegt, z. B. ein Bleistift auf **B**, ein Apfel auf **A**.
Wie viele Plättchen können auf diese Weise belegt werden?
Das Spiel kann an unterschiedlichen Orten gespielt werden, z. B. im Pausenhof, auf einem Ausflug, im Wald.
An welchem Ort konnten die meisten Plättchen belegt werden? Welche Plättchen sind leicht, welche sind schwer zu belegen?

Das Buchstabensuchspiel

Jeder Schüler schaut sich genau im Klassenzimmer um und soll dann mindestens drei Dinge nennen, die mit dem gleichen Buchstaben wie sein Vorname beginnen. Timo sagt z. B.: „Tafel, Tinte, Tafellappen, Trommel, Taschentuch." Birgit nennt z. B.: „Blumentopf, Banane, Becher, Buch."
Kinder, deren Namen Quirin, Yvonne oder Xenia lauten, dürfen ersatzweise nach Dingen, passend zum Endbuchstaben ihres Namens, suchen.

Die verschwundenen Selbstlaute

Die Lehrerin schreibt ein Sprichwort, eine Redewendung oder einen Werbespruch an die Tafel, jedoch ohne Selbstlaute. Denkt sie z. B. an das Sprichwort „Morgenstund' hat Gold im Mund", so schreibt sie Folgendes an die Tafel:

Mrgnstnd ht Gld m Mnd

Wer zuerst den Satz vorlesen kann, darf als Nächster an die Tafel kommen und einen Spruch ohne Selbstlaute an die Tafel schreiben.

Das Buchstaben-Quiz

Damit jedes Kind eine reelle Chance hat, bei diesem Spiel zu gewinnen, spielt man es am besten in kleinen Gruppen, die nach rechtschriftlichem Können zusammengestellt werden.
Jede Gruppe wählt nun einen Spielleiter. Der Spielleiter überlegt sich ein beliebiges Wort, z. B. Haselnuss, und zählt die Buchstaben des Wortes. Dann nennt er das Wort laut. Jeder Mitspieler „schreibt" das Wort in Gedanken und zählt dann ebenfalls blitzschnell die Buchstaben. Wer die Anzahl zuerst richtig nennt, erhält einen Punkt.
Wer am Ende des Spiels, nachdem etwa 20 Wörter auf diese Weise behandelt wurden, die meisten Punkte ergattert hat, ist Sieger und darf in der zweiten Runde der Spielleiter sein.

2 Rechtschreibspiele

Versteckte Wörter

Alle Kinder haben den Nachschriftentext vor sich. Nun überlegt sich jede Partnergruppe einen Satz, in dem sie vier beliebige Wörter aus dem Nachschriftentext versteckt.
Diese geheimnisvollen und oftmals etwas seltsam klingenden Sätze dürfen die Kinder an die Tafel schreiben.
Anschließend versucht die ganze Klasse herauszubekommen, welche vier Wörter jeweils in den Sätzen versteckt sind.

Wasserwörter

Erlauben Sie den Schülern gruppenweise zur Tafel zu kommen und die Merkwörter der neuesten Nachschrift mit einem feuchten Schwamm an die Tafel zu schreiben.
Viel besser als mit dem großen Tafelschwamm schreibt es sich mit klein geschnittenen Haushaltsschwämmen!

Die Buchstabensuche

Ein Kind nennt ein beliebiges Merkwort, z. B. verschieden. Alle Schüler schließen jetzt die Augen und stellen sich das Wort geschrieben vor. Das erste Kind gibt jetzt noch eine bestimmte Zahl an, z. B. 6.
Alle Kinder überlegen für sich, welcher der sechste Buchstabe im vorgegebenen Merkwort ist.
Wer in unserem Fall zuerst „h" sagt, gewinnt und darf die nächste Buchstabensuche anführen.

Merkwortsätze

Jedes Kind darf sich aus einer Anzahl von Merkwörtern eines heraussuchen und auf ein Blatt Papier schreiben. Dann soll es einen Satz bilden, dessen Wörter der Reihe nach mit einem der Buchstaben des Merkwortes beginnen.

Beispiel:
Das Merkwort heißt „Hand“.
Folgende Sätze wären möglich:
- „**H**ans **a**ntwortet **n**icht **d**eutlich.“
- „**H**anni **a**rbeitet **n**ur **d**ienstags.“

Leuchtmarker

Kinder, die Schwierigkeiten beim Rechtschreiben haben, prägen sich die Wortbildgestalt bestimmter Merkwörter wesentlich leichter und dauerhafter ein, wenn sie diese Wörter mit verschiedenfarbigen Leuchtmarkern kennzeichnen. Offensichtlich hilft die Verbindung von Leuchtfarbe und Wort beim Erfassen und Behalten der Wörter.

Das Merkwörter-Quiz

Auf eine Folie werden untereinander in beliebiger Reihenfolge etwa zehn Merkwörter geschrieben.
Die Schüler treten jetzt in drei oder vier Gruppen gegeneinander an. Die erste Gruppe nennt einen beliebigen Oberbegriff, z. B. Tiere.
Erst dann schaltet die Lehrerin den Projektor ein und zeigt den Schülern das erste Merkwort, z. B. Zirkus. Die Schüler der ersten Gruppe müssen nun zu jedem Buchstaben dieses Wortes ein Tier nennen, dessen Name mit jeweils einem der Buchstaben beginnt. In unserem Beispiel wäre das z. B. **Z**ebra, **I**gel, **R**aupe, **K**atze, **U**hu, **S**ardine. Kann die Gruppe ihre Aufgabe erfüllen, erhält sie einen Punkt. Dann ist die zweite Gruppe an der Reihe, einen neuen Oberbegriff zu nennen, vielleicht Länder. Die Lehrerin zeigt das nächste Merkwort. Nun müssen die Schüler Ländernamen mit den entsprechenden Anfangsbuchstaben aufzählen.

Am Ende des Spiels, wenn also jede Gruppe drei- oder viermal an der Reihe war, wird die Gruppe zum Sieg beglückwünscht, die die meisten Punkte ergattern konnte.

Achtung: Jeder Oberbegriff darf nur einmal benützt werden!

Ping-Pong

So einfach dieses Spiel ist, so spannend ist es doch und sehr beliebt bei den Schülern.
Zuerst stehen alle Kinder auf. Die Lehrerin nennt jetzt ein beliebiges Merkwort, z. B. kaputt.
Der erste Schüler der ersten Reihe nennt den ersten Buchstaben des Wortes, also k. Der zweite Schüler nennt das a usw., bis schließlich ein Schüler das zweite t genannt hat.
Jetzt ist das erste Wort zu Ende. Der nächstfolgende Spieler sagt „Ping“ und sein Nachbar „Pong“. Wer „Pong“ sagen muss, setzt sich.
Jetzt gibt die Lehrerin das zweite Merkwort vor und der nächste Schüler beginnt es zu buchstabieren. Auf diese Weise werden die aktiven Schüler immer weniger. Wer als letzter Schüler stehend das Spiel „überlebt“, gewinnt.

Tipp: Je schneller gespielt wird, desto spannender und lustiger ist das Spiel.

XOX

In der täglichen Merkwörter-Übung gibt die Lehrerin diesmal ein besonderes Diktat vor. Die Merkwörter werden den Schülern langsam vorgesprochen. Die Schüler schreiben aber keine Wörter aus, sondern es wird nur mit zwei Zeichen geschrieben, für einen Mitlaut ein X und für einen Selbstlaut ein O.

Beispiel:
Die Lehrerin sagt „Dienstag“.
Die Schüler schreiben „XOOXXXOX“.

Die Kontrolle erfolgt am besten durch den Partner mit Tafelanschrift oder mit einer Lösungsfolie auf dem Tageslichtprojektor.

Alles relativ!

Anstelle unter einer Nachschrift oder einem Diktat die Fehler herauszustellen, die ein Kind gemacht hat, schreibt man besser darunter, wie viele Wörter richtig sind.

Beispiel: „Du hast 112 Wörter richtig geschrieben!“

Das sagt das Gleiche aus, relativiert die Leistung aber und beweist, dass das meiste doch richtig war.

Versteckte Merkwörter

Auf ein Blatt Papier malt man ein Gitter von 10 × 10 Kästchen.
In diese Felder werden jetzt die Merkwörter waagrecht und senkrecht in großen Druckbuchstaben eingetragen.
Alle Zwischenräume füllt man mit beliebigen anderen Buchstaben aus.
Das Blatt wird kopiert, sodass jeder Schüler eines erhält.
Die Kinder suchen jetzt nach den Merkwörtern und kreisen sie mit einem roten Stift ein.

Tipp: Besonders spannend wird es, wenn man die Zwischenräume mit solchen Buchstaben ausfüllt, die am Ende zusammengelesen ein Lösungswort oder eine Geheimbotschaft ergeben.

Rückwärts buchstabieren

Ein Schüler nennt ein Merkwort aus dem Wortschatz des Schuljahres, z. B. Arbeit, und ruft einen Mitschüler auf. Dieser schließt die Augen, um sich das Wort besser vorstellen zu können, und buchstabiert nun das Wort rückwärts.
Wurde das Wort fehlerlos buchstabiert, darf dieser Schüler das nächste Wort aussuchen und einen Mitschüler bestimmen, der dieses wieder rückwärts buchstabiert.

Werbesprüche

Die Schüler sollen Werbesprüche für Zahnpasta, Hundefutter, Autoreifen etc. erfinden und in den Sprüchen so viele Merkwörter aus der letzten Nachschrift wie möglich unterbringen.
Sehr lustig, was da alles herauskommt!
Der witzigste Werbespruch und derjenige, in dem die meisten Merkwörter vorkommen, werden prämiert.

Die Stäbchenwörter

Für dieses Vielzweckspiel braucht man eine Schachtel Holzspateln. Man bekommt sie in Drogerien oder Apotheken. Im Laufe der Zeit werden alle Merkwörter aus Nachschriften und Diktattexten einzeln auf die Spateln geschrieben. Die beschrifteten Spateln stellt man in eine Tasse oder in einen Blumentopf.

So kann gespielt werden:

1. Ein Schüler, der seine Arbeit schon fertig gestellt hat, holt sich den Spateltopf, leert die Stäbchen aus und legt sie nach dem Alphabet sortiert auf seinem Platz aus.

2. Einmal pro Woche darf ein Schüler zehn Stäbchen mit geschlossenen Augen aus dem Spateltopf ziehen. Diese Wörter diktiert die Lehrerin den Schülern.
3. Ein Schüler zieht ein Stäbchen, liest das Wort für sich und beschreibt es den Mitschülern, z. B.: „Mein Wort besteht aus sechs Buchstaben. Es beginnt mit D. Der letzte Buchstabe ist ein e."
   Sobald ein Mitschüler das richtige Wort nennt, darf er als Sieger das nächste Spatelwort ziehen und beschreiben.
4. Ein Schüler sortiert die Spatelwörter
   - nach Anfangsbuchstaben,
   - nach rechtschriftlicher Schwierigkeit, z. B. ie-Wörter,
   - nach Anzahl der Buchstaben.

Lebendige Merkwörter

Auf weiße Schreibmaschinenblätter wird je ein großer Druckbuchstabe geschrieben. Die Lehrerin sucht ein Merkwort aus, verrät aber nicht, um welches es sich handelt. Sie holt entsprechend der Buchstabenzahl ebenso viele Kinder an die Tafel und gibt jedem einen Buchstaben.

Die Schüler stellen sich mit dem Rücken zur Klasse nebeneinander auf. Nun darf ein Mitschüler einen beliebigen Buchstaben raten. Er sagt vielleicht E. Der Schüler, der den entsprechenden Buchstaben in der Hand

hält, dreht sich zur Klasse um. Kommt der genannte Buchstabe im Wort nicht vor, dreht sich auch niemand um und ein anderer Schüler nennt einen weiteren Buchstaben, z. B. N. In unserem Beispiel müssten sich jetzt beide Schüler umdrehen, auf deren Blatt ein N zu sehen ist.
So wird weitergespielt, bis schließlich ein Schüler das richtige Merkwort nennt.

Gefüllte Wörter

Dieses kleine Spiel kann man gut jeden Tag einmal durchführen, da es den Wortschatz der Kinder erweitert, der Rechtschreibsicherheit dient, Spaß macht und dabei wenig Zeit in Anspruch nimmt.
Die Lehrerin schreibt den Anfangs- und den Endbuchstaben eines Wortes an die Tafel und gibt durch Striche vor, wie viele Buchstaben einzufügen sind, z. B.:

W __ __ __ __ r

Die Schüler schreiben auf den Block so viele Wörter wie möglich, die sie unter den angegebenen Bedingungen innerhalb von drei Minuten bilden können, also z. B. Winter, Walter, Wasser, Walker, Waller.

B __ __ __ e

Möglich wären hier z. B. Bohne, Biene, Bälle, Bulle, Birne, Blume.

Puzzle-Wörter

Die Buchstaben aus einem Scrabble-Spiel oder aber Holz-, Plastik- oder selbst gebastelte Pappbuchstaben werden für dieses kleine Buchstabierspiel gebraucht.
Ein Schüler sucht sich ein beliebiges Merkwort aus und steckt die für dieses Wort benötigten Buchstaben in ein kleines Stoffsäckchen. So übergibt er die Buchstaben seinem Spielpartner, der das Säckchen auf seinem Platz ausleert und gleich versucht, das Geheimwort zusammenzusetzen.

Die Buchstabensonne

Jeder Schüler malt sich auf den Block eine Buchstabensonne mit acht Strahlen.
Nun gibt die Lehrerin eine bestimmte Buchstabenkombination vor, z. B. nt. Diese Buchstabenkombination wird von den Schülern in ihre Sonne eingetragen. Jedes Kind sucht acht Wörter, in denen diese Buchstabenkombination vorkommt, und trägt die gefundenen Wörter auf den Sonnenstrahlen ein.

Beispiel:

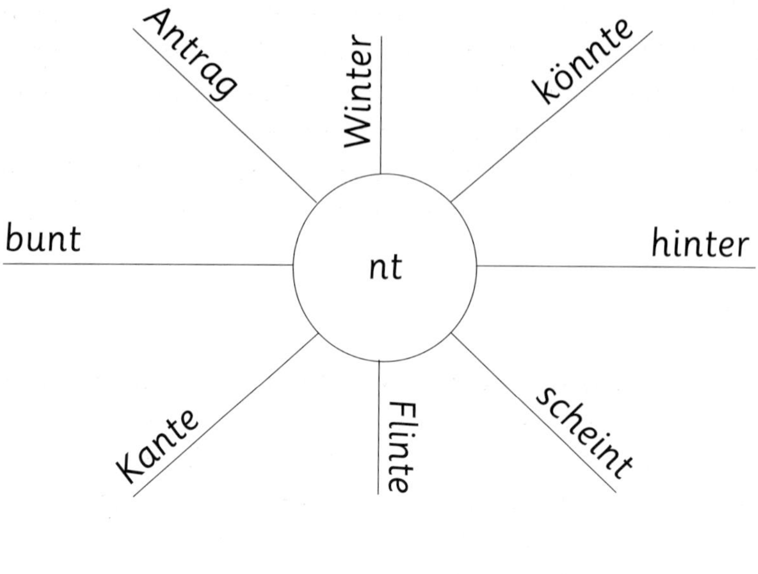

Da es bei diesem Spiel nicht auf Schnelligkeit ankommt, wird gewartet, bis auch der letzte Schüler acht Wörter gefunden hat. Dann darf ein Schüler seine acht Wörter an die Strahlen der Buchstabensonne der Tafel schreiben und die Mitschüler haken gleiche Wörter auf ihrem Blatt Papier ab. Schließlich dürfen alle Schüler noch weitere Wörter nennen und – solange der Platz reicht – diese auf weitere Sonnenstrahlen an der Tafel eintragen.

Mit dem Rechtschreibbüchlein auf Wörterjagd

Zuerst legt jeder Schüler ein kleines, aber seitenstarkes Büchlein an, unterteilt es in 26 gleich große Teile und schreibt an den Anfang jeder Rubrik einen Buchstaben des Alphabets.
In dieses Rechtschreibbüchlein werden nun zukünftig nicht nur alle Merkwörter eingetragen, sondern auch solche Wörter, die in Diktaten oder Aufsätzen falsch geschrieben wurden.
Aber besonders spannend wird es, wenn sich die ganze Klasse, bewaffnet mit den Rechtschreibbüchern und Stiften auf Wörterjagd macht. Jeder Jagdausflug führt die Kinder an einen anderen Ort, z. B. durchs Schulhaus, durch den Ort (Stadtteil), in den Supermarkt, zum Bahnhof.
An diesen Orten versuchen alle möglichst große Wörterbeute zu machen. So findet man auf dem Bahnhof Wörter wie Bundesbahn, Nahverkehrszug, Toilette, Kiosk, Streckennetz. Diese Wörter werden sofort in die Rubrik, passend zu den Anfangsbuchstaben, eingetragen.
Wieder zurück im Klassenzimmer, lesen die Schüler die „Beutewörter“ vor. Wer die meisten gefunden hat, bekommt einen kleinen Preis.

Drillinge

Die Merkwörter aus den letzten Nachschriften und Diktaten werden einzeln auf Kärtchen geschrieben. Dann werden die Kärtchen gemischt und mit der beschrifteten Seite nach unten auf den Tisch gelegt.
Etwa zwei bis vier Kinder sitzen um den Tisch herum. Abwechselnd darf jeder Schüler ein Kärtchen umdrehen, das darauf befindliche Wort vorlesen und das Kärtchen an sich nehmen. So wird weitergespielt, bis ein Spieler drei Kärtchen besitzt, deren Wörter einen gemeinsamen Buchstaben haben, z. B.:

Salat	wissen	Wiese

Diese drei Wörter haben alle das s/S als gleichen Buchstaben.

Hinweis:
Der Sieger kann also *frühestens* nach drei Runden *feststehen*. Ganz selten ist es möglich, dass es am Ende, wenn alle Kärtchen ausgeteilt sind, noch immer keinen Sieger gibt. Dann wird einfach noch einmal gespielt. Das Ziel, dass die Kinder die Wörter gelesen und die darin *befindlichen* Buchstaben ganz genau betrachtet haben, ist *auf* jeden Fall erreicht.

Das Geheimwort

Wird als Geheimwort z. B. das Wort „Pause" ausgewählt, schreibt man zuerst diese Buchstaben an zwei *Tafelflügel*.

E S	Geheimwort	U A
P		S
A U		E P

Dann trägt man zusätzlich noch etwa *fünf* weitere Buchstaben ein, aber *auf* jeder *Hälfte* andere.

E X S	Geheimwort	U Q A
T P D		N S Z B
A M R U		E V P

So werden den Schülern die *Buchstabentafeln* präsentiert. Die Kinder sollen nun die Buchstabengruppen genau vergleichen und die Buchstaben herausschreiben, die *auf* beiden *Tafeln* zu sehen sind, also E S P A U.
Dann rätselt jeder noch ein bisschen und meldet sich, sobald er glaubt, das Geheimwort erraten zu haben.

Merkwörter auf Wanderschaft

Die Merkwörter aus einem vorgegebenen Text werden einzeln auf große Blätter (oder auf Karten) geschrieben.
Ein Kind kommt vor die Klasse. Ihm wird von der Lehrerin ein Merkwort auf den Rücken geklebt. Nun wandert das Kind durch die Klasse und ruft verschiedene Mitschüler auf, die ihm einen Hinweis auf das Merkwort geben, z. B.: „Dein Merkwort wird großgeschrieben." „In deinem Merkwort steckt ein ck."
Sobald der Schüler zu wissen meint, welches Wort er da spazieren trägt, nennt er es. Wenn es richtig ist, darf er einen Mitschüler aussuchen, dem er nun eine weitere Merkwortkarte auf den Rücken klebt.
Stimmt die Vermutung nicht, wird noch ein bisschen weitergewandert, nachgedacht, verglichen und kombiniert.

Pumpernickel-Geschichten

Der Nachschriftentext wird mehrmals vorgelesen, jedoch ersetzen die Kinder jedes Substantiv durch das Wort „Pumpernickel".
Der Lacherfolg ist garantiert!

Kreuz und quer

Aus dem Nachschriften- oder Diktattext werden zwei gleich lange Wörter herausgesucht und in Druckbuchstaben von oben nach unten an die Tafel geschrieben.

Beispiel:

S	K
T	R
R	A
O	F
M	T

Nun sollen die Schüler zu den so entstandenen Buchstabenpaaren Wörter suchen. Wer ein passendes Wort im Nachschriftentext findet, erhält dafür drei Punkte. Für ein anderes Wort gibt es jeweils einen Punkt.

Beispiel:

S	K	KREIS	3
T	R	TURBINE	3
R	A	RADIO	1
O	F	OFEN	1
M	T	MIT	3

In diesem Beispiel hätte der Schüler elf Punkte erzielt.

Vergesslich!

Ein Merkwort wird ausgesucht, z. B. Schürze. Die Lehrerin gibt nun die Buchstaben dieses Wortes in beliebiger Reihenfolge an, vergisst aber absichtlich einen Buchstaben, z. B. sagt sie „ü, e, Sch, z“.

Die Kinder passen sehr genau auf. Wer kann den weggelassenen Buchstaben (in unserem Beispiel also r) nennen?

Gruppenerfolg

Die Schüler sollen in Gruppen eine Woche lang täglich für etwa eine halbe Stunde den neuen Nachschriftentext üben. Wie sie dabei vorgehen können, haben die Schüler in den vorangegangenen Nachschriftenvorbereitungen gelernt. Zusätzlich kann man gemeinsam noch weitere Übungsmöglichkeiten, z. B. Partnerdiktat, besprechen.
Die Schüler wissen, dass am Ende der Woche die Nachschrift geschrieben wird und die Lehrerin dann aber die Fehler aller Mitglieder einer Gruppe zusammenzählt, durch die Anzahl der Schüler teilt und darauf eine Gruppennote erteilen wird.
Die Gruppe, die dabei am besten abschneidet, erhält einen Preis.
Achtung: Bei der Gruppeneinteilung muss natürlich darauf geachtet werden, dass sich jede Gruppe aus etwa gleich vielen guten und schwachen Schülern zusammensetzt.

Das Schwammwörter-Derby

Die Lehrerin schreibt ein beliebiges Merkwort mit einem feuchten Schwamm an die Tafel. Sofort schreiben alle Kinder das Wort so oft wie möglich, bis die Tafelanschrift nicht mehr zu sehen ist.
Wer hat das Wort am häufigsten richtig auf seinen Block geschrieben?
Die Banknachbarn tauschen ihre Blätter aus und korrigieren die Wörter ganz genau. Dann zählt man alle leserlichen Wörter und schreibt die Summe auf das Blatt.
Applaus für den Sieger des Schwammwörter-Derbys.

3 Mit Wörtern und Sätzen basteln

Ausgefallene Wörter

Jeder Spieler erhält einen Zettel und einen Stift, um ein beliebiges, möglichst ausgefallenes Wort aufzuschreiben, z. B. Brotschneidemaschine, elegant, Konfetti.
Die Zettel werden eingesammelt, gemischt und jeder Schüler darf sich einen Zettel ziehen. Sollte zufällig ein Spieler seinen eigenen Zettel gezogen haben, darf er noch einmal austauschen.
Nun versucht jeder Spieler in einer sehr kurzen Erzählung sein Zettelwort so geschickt unterzubringen, dass die Zuhörer es möglichst nicht sofort herausfinden. Am Schluss der Erzählung raten die Mitspieler, aber natürlich nicht der Absender des Wortes, um welches ausgefallene Wort es sich wohl gehandelt hat.

Kicherkram

Die Klasse wird in drei gleich große Gruppen eingeteilt.
Die erste Gruppe notiert auf den Block verschiedene Subjekte im Singular, z. B. der Nikolaus, die Henne, Winnetou.
Die zweite Gruppe notiert Prädikate, (dritte Person Singular, Präsens), z. B. schnuppert, schwimmt, krabbelt.
Die dritte Gruppe notiert Lokaladverbien, z. B. im Kühlschrank, im Aquarium, auf der Wäscheleine.
Dann werden Sätze gebildet. Dazu nennt jede Gruppe einen der notierten Satzteile.
Und das kommt dann dabei heraus: „Der Nikolaus schwimmt im Kühlschrank.“ „Winnetou krabbelt im Aquarium.“
Weil die Sätze lustig sind und alle Schüler lachen, kann man das Ganze auch zum Bestimmen der Satzteile nützen: „Wer krabbelt im Aquarium?“ – „Winnetou“. „Winnetou“ ist der Satzgegenstand.

Reimwörter-Memory

Für ein Memory-Spiel braucht man 36 quadratische Kärtchen aus festem Papier. Dann überlegt man sich 18 Wortpaare, die sich reimen. Die Be-

griffe müssen leicht bildlich darstellbar sein, also z. B. Kuh, Fenster oder Haus, aber nicht Hitze, Liebe oder Ähnliches.
Diese Tiere und Gegenstände werden entweder auf die Kärtchen gemalt oder aus alten Illustrierten/Büchern ausgeschnitten und aufgeklebt. Geeignet wären z. B. Haus – Maus, Hase – Vase, Pferd – Herd, Tasse – Kasse, Schüssel – Schlüssel, Wurm – Turm etc.
Gespielt wird nach dem bekannten Memory-Prinzip: Alle Kärtchen werden gemischt und mit der Bildseite nach unten auf dem Tisch ausgelegt. Ein Spieler beginnt, dreht zwei Kärtchen um und nennt die Begriffe laut. Sollte es sich um ein Reimpaar handeln, darf der Spieler diese beiden Kärtchen an sich nehmen und so lange weiterspielen, bis er zwei Kärtchen aufdeckt, deren Begriffe sich nicht reimen. Diese Karten werden wieder umgedreht und der nächste Spieler ist an der Reihe.
Am Ende des Spiels, wenn also alle Kärtchen einen Besitzer gefunden haben, zählt jeder seine Kartenpaare. Wer die meisten hat, gewinnt.

Das Doppelwörter-Memory

Für dieses Spiel braucht man einen Satz Memorykärtchen.
Alle Kinder sitzen im Kreis. Die Lehrkraft zeigt ein Memorykärtchen, z. B. das Bild von einem Hund, und gibt das Kärtchen einem Schüler. Der bildet jetzt ein zusammengesetztes Wort mit Hund, z. B. Schäferhund, Hundehütte, Hundeleine, Wachhund.
Hat er ein Wort genannt, gibt er das Kärtchen an seinen Nachbarn weiter. So werden möglichst viele zusammengesetzte Wörter gebildet. Wem keines mehr einfällt, gibt das Kärtchen einfach ohne Kommentar an seinen Nachbarn weiter.
Ist das Kärtchen schließlich wieder bei der Lehrkraft angekommen, behält sie es und gibt das nächste Kärtchen aus.

Seltsame Wörterketten

Die Lehrerin steht vor der Klasse und nennt langsam seltsame Wörter, z. B. Wasser, Radiergummi, Igel, Lampe.

Die Kinder hören aufmerksam zu und versuchen, die Regel dieser Wörterkette herauszubekommen, die zugrunde liegt. Sobald ein Schüler merkt, dass es sich hier beispielsweise um Wörter handelt, die jeweils mit dem gleichen Buchstaben beginnen, wie der Vorgänger endet, der meldet sich, verrät die Regel aber nicht. Er darf nun seinerseits das nächste Wort der Kette vorgeben. Die Lehrerin spielt mit diesem Schüler weiter, jeder nennt abwechselnd ein Wort, bis weitere Schüler dem Rätsel „auf die Schliche" kommen und ebenfalls mitspielen.
Sobald mehr als die Hälfte aller Schüler aktiv mitspielen, wird die Regel verraten und noch eine Runde lang weitergespielt, sodass schließlich alle Schüler ein Wort anfügen können.
An einem anderen Tag wird eine neue Wörterkette vorgegeben, z. B.:

- Bild, baden, Bank, Bauer, bei, ...
  Regel: Alle Wörter beginnen mit B/b.
- Wiese, Biene, riesig, lieben, schließlich, ...
  Regel: Alle Wörter haben ein ie.
- Hammer, Futter, Wasser, Grippe, ...
  Regel: Alle Wörter beinhalten einen Doppelkonsonanten.
- Wasser, Haar, Mutter, wir, Kilometer, ...
  Regel: Alle Wörter enden auf r.
- Märchenbuch, Michael, Bundesbahn, Handarbeit, aufschreiben, ...
  Regel: Alle Wörter bestehen aus drei Silben.

Wörter-Jagd

Wer findet im Klassenzimmer die meisten Begriffe mit S/s?
Schreibe die Wörter auf!

- Die Lehrerin stoppt die Zeit (ca. 3 Minuten).
- Die Aufschreibezeit entspricht der Zeit, die ein Schüler braucht, um still für sich den letzten Nachschriftentext zu lesen. Ist er fertig, ruft er „Stopp!".
- Wer zuerst zehn verschiedene Begriffe aufgeschrieben hat, ruft „Stopp!" und beendet damit die Aufschreibezeit für alle Schüler.

Wörter-Quiz

- Wer kennt ein Spielzeug, in dessen Namen ein l steckt? (Kreisel, Ball, Puzzle, ...)
- Wer kennt ein Tier, dessen Name mit e endet? (Raupe, Schnecke, Robbe, ...)
- Wer hat einen Gegenstand bei sich, in dessen Namen ein p vorkommt? (Spitzer, Apfel, Kapuze, ...)

Schwieriger wird es, wenn man zwei Bedingungen vorgibt, z. B.: Was ist essbar und hat ein n am Ende des Wortes?
(Kuchen, Bonbon, Schinken, ...)

Wörter sammeln

Wörter sammeln macht den Schülern nicht nur großen Spaß, es fördert den Wortschatz und trainiert die Rechtschreibsicherheit. An die Tafel wird nur eine Art Code geschrieben, z. B. W-5. Das bedeutet: Gesucht werden Wörter mit dem Anfangsbuchstaben W, jedes bestehend aus insgesamt fünf Buchstaben.
Sofort beginnen die Schüler, so viele passende Wörter wie möglich auf den Block zu notieren, also z. B. Wanne, Wonne, werde, Wände, warte, Wicht, wusch, Wacht.
Nach fünf Minuten ist die Sammelzeit vorbei. Jeder Schüler zählt die gefundenen Wörter. Wer die wenigsten hat, liest seine Wörter vor, die Mitschüler haken gleiche Wörter auf ihren Blöcken ab und melden sich, um weitere Wörter vorzulesen.

Um die Wette reimen

Die Schüler spielen in Gruppen gegeneinander. Die Lehrerin schreibt ein beliebiges Wort an die Tafel, z. B. bitte.
Jede Gruppe nennt nun ein Wort, das sich auf das vorgegebene reimt, z. B. Schnitte, Mitte, Quitte.

Ein Team fällt für die Runde aus, sobald die Mitglieder kein neues Reimwort mehr nennen können oder wenn die Kinder versehentlich ein Wort wiederholen, das bereits genannt wurde.
Das Siegerteam darf das Ausgangswort für die zweite Spielrunde bestimmen.

Das Wetter

Alle reden vom Wetter, wir auch! Du hast drei Minuten Zeit, um aufzuschreiben, wie das Wetter sein kann: windig, sonnig usw.

Wörter würfeln

Aus dem Nachschriftentext werden sechs Merkwörter an die Tafel geschrieben.

Beispiel:

vielleicht	Abenteuer	Wildnis	erschöpft	gefährlich	Urlaub

Jedes Wort wird einer Würfelzahl von Eins bis Sechs zugeordnet. Nun geht ein Würfel von Kind zu Kind. Jedes Kind darf einmal würfeln und einen beliebigen Satz bilden, in dem das erwürfelte Wort vorkommt.

Störenfried

Jeder Schüler darf vier Begriffe nennen, wobei drei in irgendeiner Weise zusammengehören, der vierte aber der Störenfried ist. Die Mitschüler hören genau zu und raten dann, welches Wort der Störenfried ist und inwiefern die anderen drei Begriffe zusammengehören.

Beispiel:
- Elefant, Ameise, <u>Liegestuhl</u>, Tiger
- Sonne, Sand, Saft, <u>Wind</u>

Vornamen mit Inhalt

Nacheinander dürfen alle Schüler ihren Vornamen in großen Druckbuchstaben an die Tafel schreiben, z. B. LISA.
Alle Mitschüler versuchen nun einen halbwegs vernünftigen Satz zu bilden, in dem jedes Wort mit einem anderen Buchstaben von „LISA“ beginnt, also z. B.: „Lustige Igel sagen alles.“ „Leider isst Susi auswärts.“

Namen klatschen

Dieses Spiel besteht aus mehreren Stufen. Zuerst darf jeder Schüler seinen Vornamen klatschen, z. B. Mi-cha-el.
Dann klatscht die Lehrerin einen bestimmten Rhythmus vor und alle Kinder, deren Vornamen zu diesem Rhythmus passen, stehen auf. Klatscht die Lehrerin z. B. viermal, so stehen Kinder mit Vornamen wie Ka-tha-ri-na, Mi-cha-e-la und A-le-xan-der auf.
Für die dritte Spielstufe darf jedes Kind seinen Vor- und Nachnamen vorklatschen. Zwischen dem Vor- und dem Nachnamen wird eine Pause gemacht. Martin Block klatscht also erst zweimal für Mar-tin und dann noch einmal für Block.
In der letzten Spielphase klatscht die Lehrerin den Vor- und Nachnamen eines Kindes, z. B. Sa-bi-ne Lan-zin-ger. Alle Kinder passen gut auf, ob der Takt zu ihrem Namen passt oder nicht. Wer glaubt, dass sein Name geklatscht wurde, steht auf.

Fragen gesucht

Eine Antwort, z. B. „Ja, heute morgen.“, wird an die Tafel geschrieben. Die Schüler sollen sich nun zu dieser Antwort drei mögliche Fragen überlegen und diese auf den Block schreiben.

Beispiel:
- „Hast du deine Zähne geputzt?“
- „Hast du deine Schwester geärgert?“
- „Hast du deine Mama umarmt?“

Eine weitere Antwort wäre vielleicht: „Weil ich zum Schulbus laufen musste.“

Mögliche Fragen:
- „Warum hast du nicht gefrühstückt?“
- „Warum bist du rot im Gesicht?“
- „Wieso hast du nicht auf deine Schwester gewartet?“

Das Wörter-Trio

An die Tafel werden nebeneinander immer drei verschiedene Grundwörter geschrieben, denen man jeweils ein und dasselbe Bestimmungswort voranstellen kann, z. B. -bahn, -reifen, -kennzeichen.
Das passende Bestimmungswort heißt „Auto“.
Die Schüler dürfen in Partnergruppen rätseln, welche Bestimmungswörter passen. Schnelle Gruppen erhalten den Auftrag, sich selbst solche Wörter-Trios zu überlegen, um später die Mitschüler und die Lehrerin raten zu lassen.

Weitere Beispiele:

-buch,	-schnur,	-zelle	(Telefon)
-haus,	-rinde,	-schule	(Baum)
-licht,	-rakete,	-umlaufbahn	(Mond)

Das Schul-Wörter-Quiz

Abwechselnd darf jeder Schüler ein Wort nennen, in dem „Schule“ entweder als Grund- oder Bestimmungswort auftritt, also z. B. Grundschule, Schulkind, Schulbus, Realschule, Musikschule, Förderschule, Vorschule, Schulort.
Wer kein neues Wort mehr nennen kann oder aus Versehen eines sagt, das bereits an der Reihe war, scheidet aus. Wer wird Sieger im Schul-Wörter-Quiz?

Tipp: Natürlich kann das Spiel an einem anderen Tag auch mit weiteren Wörtern gespielt werden. Besonders gut als Vorgaben eigenen sich: Haus, Regen, Baum, Wort, Auto, …

Das Drei-Wörter-Spiel

Ein Schüler sucht aus einer Nachschrift oder einem Lesetext drei beliebige Wörter aus und schreibt diese an die Tafel, z. B. Kuh – Auto – grün.
Nun ruft der Schüler ein anderes Kind auf, das einen Satz bilden soll, in dem die drei Wörter vorkommen, z. B.: „Immer wenn die Kuh im Auto fährt, wird ihre Milch grün.“
Ja, Quatsch ist erlaubt! Im Gegenteil, je lustiger die Sätze werden, umso motivierter sind die Schüler, sich immer neue Sätze zu überlegen.

Das Quatsch-Satz-Rennen

Die Schüler spielen in Gruppen zu vier, fünf oder sechs Kindern zusammen. Das erste Kind schreibt auf ein Blatt Papier das erste Wort eines Satzes, z. B. „Heute“. Dann gibt es das Blatt an den linken Nachbarn weiter. Der fügt ein neues Wort dazu, sodass die Botschaft nun vielleicht heißt: „Heute lernen“.
So wird das Blatt wortlos von Schüler zu Schüler weitergegeben. Jeder fügt ein neues Wort an, bis schließlich der Satz zu Ende ist. Die Botschaft wird noch einmal vorgelesen, z. B.: „Heute lernen wir wieder etwas Neues über den Ball und das Fenster hinter der Telefonzelle.“
Solche und ähnlich intelligente Sätze werden in Massen entstehen. Spaß macht das Spiel vor allem auch den Kindern, die sonst gar nicht gerne lesen und schreiben. Die zwei allerlustigsten Sätze werden am Ende des Spiels der ganzen Klasse vorgelesen.

Wörter-Wettbewerb

Je nachdem, in welcher Anordnung die Schüler im Klassenzimmer sitzen, werden z. B. drei Gruppen mit je zehn Schülern gebildet.
Die Lehrerin schreibt an die Tafel z. B. „Eigenschaftswörter“ und gibt dem jeweils ersten Schüler jeder Gruppe ein Stück Kreide. Wird „Start frei“ gegeben, sausen die ersten Kinder zur Tafel und jedes Kind schreibt ein Eigenschaftswort an. Dann laufen die Kinder zurück und übergeben die Kreide dem jeweils nächsten Kind ihrer Gruppe.
Das Team, das zuerst zehn Eigenschaftswörter angeschrieben hat, ruft „Stopp!“ und hätte eigentlich gewonnen. Aber die Schüler der anderen Gruppen haben noch eine Chance. Finden sie nämlich in den von der Siegergruppe angeschriebenen Wörtern einen Rechtschreibfehler oder sie entdecken ein Wort, das kein Eigenschaftswort ist, so wird der Sieg für ungültig erklärt und eine Entscheidungsrunde gespielt.
Natürlich kann man den Wettbewerb auch mit Substantiven oder Verben durchführen.

Das springlebendige Alphabet

Ein Schüler gibt einen beliebigen Oberbegriff vor, z. B. Tiere, Fahrzeuge, Möbelstücke, Städte.
Ein Mitschüler nimmt ein Springseil in die Hände und nennt bei jedem Sprung einen Buchstaben des Alphabets, also z. B. A, B, C, D.
Sobald er im Seil hängen bleibt, muss er mit dem Buchstaben, der gerade an der Reihe war, ein passendes Wort zum vorgegebenen Oberbegriff nennen.

Beispiel:

Oberbegriff:	Schulsachen
Ermittelter Buchstabe:	L
Mögliche Begriffe:	Lineal, Lesebuch, ...

Das Kästchen-Quiz

Auf ein Blatt Papier malt sich jedes Kind ein Quadrat oder ein Rechteck, bestehend aus 6 × 6 Kästchen. Dann wird waagrecht über jedes Kästchen ein Oberbegriff, z. B. Tier, geschrieben und senkrecht neben jedem Kästchen ein Buchstabe.
So ein Quiz-Spielplan könnte etwa so aussehen:

	Tier	Stadt	Mädchen-name	Jungen-name	Kleidungs-stück	Farbe
G	Gans					gelb
A			Anita		Anorak	
H				Hans		himmel-blau
S		Stuttgart			Schürze	
R		Rom	Renate			
M	Maus			Markus		

Alle Schüler versuchen, ihre Kästchen so schnell wie möglich auszufüllen. Bevor aber die Ergebnisse vorgelesen werden, wartet man, bis alle Schüler fertig sind. Die schnellen Schüler werden aufgefordert, in die Kästchen mehrere passende Begriffe einzutragen.

Oberbegriffe – Unterbegriffe I

Auf kleine Kärtchen werden verschiedene Oberbegriffe geschrieben, z. B. Fahrzeuge, Obst, Gemüse, Bäume, Sitzgelegenheiten.
Jede Schülergruppe erhält eine Reihe solcher Kärtchen und spielt dann für sich. Die Kärtchen liegen verdeckt auf dem Tisch. Der erste Spieler zieht eine Karte, liest den Oberbegriff vor und würfelt einmal. Nun muss er so viele Unterbegriffe zu dem entsprechenden Oberbegriff nennen, wie er Augen gewürfelt hat.

Beispiel: Oberbegriff – Getränke

Der Schüler würfelt eine Vier und zählt auf: „Wasser, Limonade, Wein, Apfelsaft." Damit ist seine Aufgabe erledigt und der nächste Spieler ist an der Reihe.

Oberbegriffe – Unterbegriffe II

Die Lehrerin nennt einen Oberbegriff, z. B. Fortbewegungsmittel. Die Schüler haben drei Minuten Zeit, so viele Unterbegriffe wie möglich zu notieren, z. B. Fahrzeug, Dampfer, Ruderboot, Motorrad, Auto, Rakete, Heißluftballon.

Oberbegriffe – Unterbegriffe III

Alle Kärtchen eines Buchstabensatzes werden in eine Schachtel (Hut) gelegt und gut gemischt. Der Spielleiter nennt einen Oberbegriff, z. B. Tier, Pflanze, Mädchenname, Automarke, Fahrzeug, Möbelstück, Getränk, Land, und zieht dann ein Kärtchen und liest den Buchstaben darauf laut vor.

Beispiel:
Der Spielleiter fragt nach einer Vogelart und zieht den Buchstaben B.
Der erste Spieler, der eine Vogelart mit B als Anfangsbuchstaben nennt, z. B. Bussard, gewinnt das Kärtchen.

Sind alle Kärtchen an die Schüler ausgegeben, zählt jeder nach, wie viel er ergattert hat. Wer die meisten hat, wird Spielleiter der nächsten Runde.

Oberbegriffe – Unterbegriffe IV

Die Lehrerin nennt vier Unterbegriffe, die Schüler notieren den jeweiligen Oberbegriff.

Beispiel:
Der Lehrer gibt vor: „Gurke, Blumenkohl, Kartoffel, Tomate."
Die Schüler notieren den Oberbegriff „Gemüse".

Störenfried

Die Lehrerin gibt fünf Begriffe vor. Ein Begriff gehört aber nicht in diese Gruppe. Die Schüler nennen diesen Begriff „Störenfried".

Beispiel:
Die Lehrerin gibt vor: „Stuhl, Tisch, Auto, Sofa, Schrank."
Der Störenfried in diesem Fall ist „Auto". Auto passt nicht zum Oberbegriff „Möbel".

4 Aufsatzspiele

Bildergeschichten

Fordern Sie die Kinder auf, Bilder zu malen von einem spannenden Erlebnis, einem aufregenden Traum usw.
Die Bilder werden eingesammelt, gemischt und so an die Schüler ausgeteilt, dass jeder das Bild eines anderen Schülers erhält.
Jetzt sollen die Kinder zu diesen Bildern kurze Aufsätze schreiben. Nach der Fertigstellung setzen sich die Schüler in Gruppen zusammen, zeigen die Bilder und lesen ihre dazu passenden Geschichten vor.

Künstlernamen

Viele erfolgreiche Schriftsteller haben ihre Werke unter einem Pseudonym veröffentlicht. Warum wohl? Nun, zum Beispiel aus Angst, das Werk könnte ein Misserfolg werden und ihr wirklicher Name würde „Kratzer“ abbekommen.
Nicht anders empfinden die Schüler. Wessen Aufsatz schon mal vor der Klasse öffentlich verrissen wurde, verliert bestimmt für die nächste Zeit die Freude am Aufsatzschreiben. Darum also der Vorschlag, den Kindern zu gestatten, ihre Aufsätze unter einem „Pseudonym“ zu schreiben.
Jeder Schüler flüstert bei Gelegenheit der Lehrerin das gewählte Pseudonym zu. Die Lehrerin notiert die Künstlernamen auf der Klassenliste.

Die Fehlerdetektive

Um die Zahl der Rechtschreibfehler bzw. Flüchtigkeitsfehler in Übungsaufsätzen zu verringern, kann man das System der Fehlerdetektive ausprobieren.
Wer mit seinem Aufsatz fertig ist, kommt zur Tafel und wartet dort auf den nächsten Schüler, der seine Arbeit beendet hat. Diese beiden tauschen ihre Übungsaufsätze aus und suchen im Aufsatz des Partners nach Rechtschreib- bzw. Flüchtigkeitsfehlern. Wer einen Fehler entdeckt, macht den Schreiber darauf aufmerksam, der den Fehler mit Bleistift verbessert.
Ist genug Zeit vorhanden, können die Schüler ihre Aufsätze auch noch mit

den Aufsätzen anderer Kinder, die inzwischen auch das Schreiben beendet haben, austauschen, sodass eine Geschichte u. U. von zwei oder gar drei Detektiven vorkorrigiert wird.
Auf diese Weise hat die Lehrerin, die später den Aufsatz korrigiert, zwar immer noch den genauen Überblick, welche Wörter der Schüler ursprünglich falsch geschrieben hat, muss aber weniger Fehler anstreichen, denn die Wörter wurden ja schon verbessert.
Viele Kinder freuen sich, dass ihre Aufsätze auf diese Weise mehrere Leser finden. Aber natürlich gibt es auch Kinder, denen das gar nicht angenehm ist. Die müssen bei dieser Aktion der Fehlerdetektive nicht mitmachen.

Ausradiert

Rechtschreib- und Grammatikfehler in Aufsätzen sollten nur mit Bleistift angestrichen werden. Der Schüler darf diese Fehler selbst verbessern und – nach der Kontrolle durch die Lehrerin – die Korrekturzeichen ausradieren. Dadurch verwandeln sich Schüleraufsätze nicht in rote Schlachtfelder und jeder Schüler hat die Möglichkeit, Fehler tatsächlich wieder auszulöschen.

Dankesschreiben

Wer ein Geschenk bekommt, sollte wissen, dass es wichtig ist, sich dafür auch nett zu bedanken. Im Zeitalter des Telefons sind die Kinder leider oft überfordert, dies in einem Brief zu formulieren. Das zu üben ist die Intention des folgenden, vielleicht etwas merkwürdigen Spiels.
Die Lehrerin hat pro Schüler ein Kärtchen vorbereitet, auf das sie beliebige, möglichst verrückte Bilder aus Illustrierten ausgeschnitten und aufgeklebt hat. Da gibt es dann vielleicht eine Karte mit einem Bild von einem Hai, einem Telefonbuch, einem Krokodil, einer Planierraupe, einem Fallschirm usw.

Die Kärtchen liegen verdeckt in einem Korb. Jedes Kind darf sich mit geschlossenen Augen ein Kärtchen ziehen und soll nun ein kurzes Dankesschreiben – z. B. an Tante Berta – verfassen, in dem es sich herzlich für den lebendigen Tintenfisch bedankt. Es gibt auch darüber Auskunft, was es wohl mit diesem Geschenk anfangen wird. Zum Beispiel könnte es den Tintenfisch als lebendiges Tintennachfülllager im Klassenzimmer benützen oder vielleicht eignet sich der Bursche auch vorzüglich als Kopfbedeckung bei kalter, regnerischer Witterung.

Winnetous Ferienerlebnisse

Anstelle des berühmten Aufsatzes „Mein schönstes Ferienerlebnis“ darf sich jeder Schüler eine beliebige Person aussuchen, z. B. Winnetou, Froschkönig, Mickey Mouse, den Bundeskanzler. In einer Fantasiegeschichte soll er dann schreiben, was diese Person Sensationelles in den Ferien erlebt hat.

Jede Menge Quatsch

Auf dem Pult der Lehrerin liegt ein großes liniertes Blatt Papier. Darauf hat die Lehrerin die Überschrift und den Anfang einer beliebigen Geschichte geschrieben. Jeder Schüler, der nun z. B. der Lehrerin eine Arbeit zeigen möchte und am Pult in einer Reihe wartet, darf die Geschichte um eine Zeile beliebig weiterschreiben.
Wie viel Quatsch am Ende dabei herauskommt, erfahren die Kinder, wenn die Lehrerin ihnen die ganze Geschichte vorliest.

Wie bitte?

Abbildungen von alltäglichen Gegenständen werden aus alten Illustrierten/Katalogen ausgeschnitten und auf Karteikarten geklebt.
Etwa vierzig bis fünfzig solcher Karten sollten gebastelt werden. Wer sie nicht selbst basteln will, nimmt die aus einem Memory-Spiel.

Der Spielleiter zeigt der Klasse eine Bildkarte. Der Schüler, der zuerst ein treffendes Adjektiv nennt, bekommt die Karte.
Haben auf diese Weise alle Karten einen Besitzer gefunden, zählen die Schüler die Karten. Gewonnen hat, wer die meisten ergattern konnte. Mögliche Adjektive für die Bildkarte „Haus“ könnten z. B. geräumig, klein, gemütlich, verfallen, stattlich und renovierungsbedürftig sein.

Tipp: Unbestimmte Adjektive, z. B. schön und gut, sollten von vornherein ausgeschlossen werden.

Tipp: Für besonders geeignete Adjektive sollte es Extra-Punkte geben, auch wenn der jeweilige Schüler das Wort nicht als Erster genannt hat.

Der Ton macht die Musik

Das folgende kleine Spiel soll den Schülern einsichtig machen, wie wichtig es ist, die richtigen Worte zu wählen, wenn man ein Anliegen hat.
Auf Arbeitsblätter schreibt man verschiedene kurze Texte, die in ausgesprochen unhöflichem Ton abgefasst sind, z. B. Krankheitsmeldungen, Beschwerden, Reklamationen, Anträge auf Schulbefreiung. Jede Gruppe

bearbeitet mindestens einen Text und hat die Aufgabe, das gleiche Anliegen jedoch in freundlichem Ton vorzubringen.
Schließlich werden alle unhöflichen Texte in einer Reihe nebeneinander an die Pinnwand geheftet und darunter die höflichen Texte. Jeder Text in der oberen Reihe erhält eine Erkennungszahl und jeder Text der unteren Reihe erhält einen Erkennungsbuchstaben.
Alle Kinder überlegen, sobald sie die Texte gelesen haben, welche das gleiche Anliegen ausdrücken und notieren die Erkennungszeichen auf dem Block, z. B. 1 – D, 2 – A.
Am Ende wird kontrolliert, wer die meisten richtigen Kombinationen gefunden hat. Ein Schüler liest den unhöflichen Text vor, ein anderer den umformulierten höflichen Text. Die Zahlen-Buchstabenkombinationen werden zur Kontrolle an der Tafel notiert.

Pumpernickel

Ein Kind kommt vor die Klasse und beschreibt den Mitschülern seinen „Pumpernickel", z. B. so:
„Zu Hause habe ich drei Pumpernickel. Mein Lieblingspumpernickel hat eine rote Schleife um den Hals. Der Pumpernickel schläft in meinem Bett."
Welcher Mitschüler errät zuerst, wer da mit „Pumpernickel" gemeint ist? Derjenige, der zuerst den richtigen Begriff – in unserem Beispiel „Teddy" – nennt, darf den nächsten „Pumpernickel" vorstellen.

Der Wörter-Friedhof

Das Wort „gut" ist gestorben! Es wird auf einen Grabstein aus Tonpapier geschrieben und der Grabstein wird schließlich auf dem „Pappfriedhof" zur Ruhe gebettet, d. h. festgeklebt.
Zur gleichen Zeit aber werden außerhalb des Friedhofbereiches viele neue Wörter geboren, die das alte, verstorbene Wort ersetzen sollen. Dafür klebt man ein Stück leuchtend gelbe Pappe an und schreibt all die treffenden Wörter auf, die den Schülern für das „verstorbene" Wort einfallen, z. B. vorzüglich, ausgezeichnet, prima, großartig.

So wird nach und nach ein Allerweltswort nach dem anderen zu Grabe getragen und durch neue ersetzt. Beim Aufsatzschreiben dürfen die Schüler natürlich in dieser Wörter-Fundgrube ausgiebig schmökern.

Gute und schlechte Nachrichten

Dieses Spiel eignet sich besonders dazu, scheue Kinder zum Sprechen vor der Klasse zu motivieren. Außerdem führt es zu einem besseren Verständnis der Schüler untereinander.
Führen Sie ein, dass jeder Schüler jeden Morgen (oder wenigstens am Montagmorgen) eine gute oder eine schlechte Nachricht (ggf. auch beides) der Klasse mitteilt.
Beispiel:
„Meine schlechte Nachricht ist, dass ich heute Morgen am liebsten gar nicht aufgestanden und in die Schule gegangen wäre."
„Meine gute Nachricht ist, dass unsere Katze vier Junge bekommen hat."
„Meine schlechte Nachricht ist, dass ich mein Turnzeug zu Hause vergessen habe."
„Meine gute Nachricht ist, dass meine Schwester heute wieder aus dem Krankenhaus entlassen wird."

Briefwechsel

Kinder lieben es, wenn sie Post bekommen. Aber das Leben ist hart und es wird nur derjenige Post bekommen, der auch selbst schreibt. Daher sollte man die Kinder immer wieder anregen, Briefe zu schreiben. Anlässe gibt es genug! Da könnte man z. B. der Rektorin eine Geburtstagskarte schreiben und dem Hausmeister, der im Krankenhaus liegt, schickt man nette Genesungswünsche. Dem Autor eines bestimmten Lesestückes könnte man vielleicht einen Brief mit Fragen zum Text schicken und dem Kultusminister schickt man einen Brief mit der Bitte, die Schule erst um 9.00 Uhr beginnen zu lassen.
Toll, wenn dann Post für die Klasse kommt und die Lehrerin den Brief vorliest!

Indianerhäuptling „Unbekannt“

Ein Schüler verlässt das Klassenzimmer. Während er vor der Tür wartet, vereinbaren alle anderen „Indianer“, wer ihr Indianerhäuptling sein soll. Dann wird der Rater ins Zimmer zurückgerufen. Seine Aufgabe besteht nun darin, durch möglichst wenig Fragen nach äußeren und inneren Eigenschaften der Person herauszubekommen, wer der Häuptling ist.
Am einfachsten ist es, wenn zu Beginn alle Indianer aufstehen. Der Rater fragt z. B.: „Hat der Häuptling eine Brille?“ Der Spielleiter antwortet wahrheitsgemäß. Hat der Häuptling keine Brille, bittet der Rater alle Indianer Platz zu nehmen, die eine Brille haben. Danach wird vielleicht nach der Haarfarbe, Augenfarbe, Mathenote oder was einem sonst einfällt gefragt. Durch Ausschluss der nicht passenden Personen wird schließlich der Indianerhäuptling ermittelt.

Mitschüler raten

Ein Schüler schreibt ganz geheim den Namen eines anderen Schülers auf einen Zettel. Den Zettel faltet er zusammen und behält ihn bei sich.
Die Mitschüler versuchen nun durch abwechselndes Fragen nach Eigenschaften den Namen der Geheimperson herausbekommen. Antwortet der Spieler mit Ja, darf der betreffende Rater weiterfragen. Antwortet der Spieler aber mit Nein, stellt ein weiterer Mitspieler die nächste Frage.
Wichtig bei diesem Spiel ist, dass nicht nach Äußerlichkeiten, sondern nach Charaktereigenschaften und Verhalten gefragt wird. Nach jeder Spielrunde sollten sich die Schüler über den Spielverlauf unterhalten.
- Wer war leicht zu erkennen? – Woran?
- Wer war nicht eindeutig zu bestimmen? – Warum?
- Fühlen sich die charakterisierten Personen gut getroffen oder nicht?

Vermisst!

Ein Rollenspiel: Ein Kind ist Polizist oder Polizistin; zwei andere Kinder kommen als Vater und Mutter aufgeregt auf die Polizeiwache und rufen: „Unser Kind ist weg! Bitte helfen Sie uns bei der Suche!"
Diese dramatische Szene kann schauspielerisch ausgestaltet werden – entscheidend ist aber, dass die Eltern eine möglichst genaue Beschreibung des vermissten Kindes geben können: „Es ist blond, hat grüne Augen, ..." Das Kind sitzt mit seinen Kameraden im Klassenzimmer und weiß selbst noch gar nichts von seinem Schicksal. Wenn es dem Polizisten gelingt, das vermisste Kind ausfindig zu machen, wird er befördert und darf ein anderes Kind bestimmen, das jetzt an seine Stelle tritt.

Vorübung zur Vorgangsbeschreibung

Eine ganze normale Tätigkeit, z. B. das Einräumen der Schultasche oder das Einschenken eines Glases, wird von der Lehrerin während des Tuns verbalisiert. Damit aber alle Kinder wirklich ganz genau zuhören, fügt die Lehrerin ein bisschen Quatsch in die Dokumentation ein, also vielleicht so: „Ich stelle die Flasche auf den Tisch, halte sie mit der rechten

Hand fest und schraube mit der linken den Schraubverschluss vom Affenhals ..."
Wer den Fehler bemerkt, ruft „Stopp!".

Hilfe für Nacherzählungen

Während den Kindern eine Geschichte vorgelesen wird, zeigt man an passenden Stellen verschiedene Dinge vor, die in der Geschichte auftauchen. Bei dem Märchen „Schneewittchen" zum Beispiel wären ein Kamm, ein Gürtel und ein Apfel einsetzbar.
Diese Gegenstände werden gut sichtbar aufs Pult gelegt und helfen den Kindern bei ihrer Nacherzählung.

Die Pfennig-Geschichte

Die Lehrerin erzählt den Anfang einer beliebigen Fantasiegeschichte. Irgendwann gibt sie einem Schüler ein Pfennigstück. Der wirft die Münze und muss nun die Geschichte weitererzählen. Landet die Münze mit der Zahl nach oben, muss er einen positiven Satz anfügen, landet die Münze mit dem Baum nach oben, wird die Geschichte ziemlich schlecht weiterlaufen, bis der Erzähler die Münze dann an einen Mitschüler weiterreicht und die Geschichte ja vielleicht wieder eine gute Wendung erhält – je nachdem, ob Zahl oder Baum erscheint.

Mein Brieffreund vom Mars

„Stell dir vor, per Laser-Düsenpfeil ist ein Brief von einem Marsianer haargenau bei dir gelandet. Der außerirdische Schreiber möchte gerne die Erde besuchen und von dir alles Wissenswerte über das Leben auf der Erde erfahren."
Im Klassengespräch können wir noch festlegen, was der Marsianer unbedingt wissen muss, bevor er zur Erde düst und was vielleicht eher nebensächlich ist.

Grenzen Sie den Bereich des Wichtigen nicht zu sehr ein. Es geht ja keinesfalls um eine Beschreibung der physikalischen Lebensbedingungen, sondern um all die Dinge, die den Kindern wichtig erscheinen.

Aufgepasst!

Dieses Spiel eignet sich prima dazu, eher wortkarge Schüler zum Erzählen zu bringen und trainiert daneben noch die Konzentration aller Mitspieler. Auf dem Tisch liegen mehrere verschiedene Gegenstände, z. B. ein Apfel, ein Radiergummi, eine Haarspange, eine Mütze.
Der Spielleiter beginnt eine beliebige Fantasiegeschichte zu erzählen. An irgendeiner Stelle baut er den Namen eines Gegenstandes ein, der auf dem Tisch liegt.

Beispiel:
„Es war einmal ein kleiner, lustiger Zwerg. Er arbeitete schon den ganzen Tag im dunklen Wald. Puh, langsam wurde er müde und hungrig. Aber leider hatte er kein Pausenbrot, nicht einmal einen saftigen Apfel …"
Sobald die Kinder das Reizwort „Apfel" hören, greifen sie nach dem Apfel auf dem Tisch. Derjenige, der sich ihn schnappt, erzählt die Geschichte gleich weiter.
Wie lange? Das ist dem Erzähler selbst überlassen. Wer nicht mehr weitererzählen möchte, braucht ja bloß ein neues Reizwort in die Geschichte einbauen – und schon ist er seinen Job los.

Lustige Tütengeschichten

Die Kinder werden beauftragt, am nächsten Tag undurchsichtige Papiertüten oder Stoffsäckchen mit in die Schule zu bringen, in die sie zu Hause drei beliebige Dinge gepackt haben, z. B. ein Spielzeugauto, einen Kamm und einen Löffel. Jeder Schüler schnürt seine Tüte fest zu und schreibt auf den Boden der Tüte seinen Namen.
Am nächsten Tag werden alle Tüten eingesammelt und dann so an die Schüler verteilt, dass jeder eine fremde Tüte aufmachen kann. Na, da treten sicherlich so manche Überraschungen zutage!

Nun überlegt sich jedes Kind eine kurze Geschichte, in der die drei Dinge aus der von ihm ausgepackten Tüte vorkommen. Zum Überlegen hat jeder Schüler nur fünf Minuten Zeit, dann kommen einige Kinder vor die Klasse, erzählen ihre Tütengeschichte und zeigen an den passenden Stellen die drei Gegenstände vor. Ein Spaß für alle und eine gute Übung dazu!
Nach einer Stunde werden die Tüten samt Inhalt an ihre rechtmäßigen Besitzer zurückgegeben.

Schlussverkauf

Alle Kinder ziehen ihre Schuhe aus und legen sie auf den „Wühltisch".
Einem Schüler werden nun die Augen verbunden. Er darf vor der Klasse Platz nehmen und seine Wunschschuhe nun Schritt für Schritt den Mitschülern beschreiben.
Sagt er vielleicht: „Ich hätte gerne ein Paar Turnschuhe!", so können die „Verkäufer" schon mal alle Gummistiefel, Halbschuhe und Sandalen auf die Seite legen. Kann der „Käufer" seine Schuhe ganz genau beschreiben, so werden diese am Ende übrig bleiben und dem „Käufer" anprobiert.
Besonders interessant wird das Spiel an warmen Tagen, wenn alle Kinder Turnschuhe tragen, die dann ganz besonders genau beschrieben werden müssen, damit man die richtigen herausfindet.

Aus dem Leben von Froschkönig und anderen märchenhaften Wesen

Märchen wie „Froschkönig“, „Rotkäppchen“, „Dornröschen“ und viele andere sind eigentlich allen bekannt, wenngleich viele Kinder die Märchen vielleicht in etwas abgeänderter Form kennen.
Ganz egal – dazu kann bestimmt jedes Kind etwas erzählen. Bei diesem Spiel sollen die Kinder nicht ein Märchen nacherzählen, sondern sie sollen sich in eine Figur eines bekannten Märchens einfühlen und die Geschichte aus deren Blickwinkel heraus erzählen. Zum Beispiel erzählt ein Schüler die Geschichte von Dornröschen aus der Sicht des Küchenjungen, der 100 Jahre lang auf die Ohrfeige warten musste, oder ein anderes Kind erzählt die Geschichte von Rotkäppchen aus der Sicht des Jägers, der als Retter von Rotkäppchen und der Großmutter erst nachträglich vom eigentlichen Geschehen informiert wurde.
Ein lustiges Spiel, bei dem alle Mitspieler gerne etwas erzählen. Neben der eigentlichen Schulung des mündlichen Ausdruckes sind bei diesem Spiel auch Fantasie und Witz gefragt. Denn je lustiger die Geschichte entwickelt wird, desto größer die Begeisterung der Zuhörer.
Zur Bestimmung des jeweiligen Märchens und der Person, aus deren Perspektive erzählt werden soll, bereitet man ca. zehn Karteikarten vor, auf denen jeweils der Titel eines Märchens und die darin vorkommenden Personen vermerkt sind.
Ein Schüler zieht mit geschlossenen Augen eine Karte, liest den Titel des Märchens und darf selbst entscheiden, in wessen Rolle er schlüpfen möchte, indem er ein Kreuzchen neben der jeweiligen Person macht. Das regelt auch, dass nicht immer das gleiche Märchen aus einer bestimmten Favoritenrolle erzählt wird.

Dornröschen

Dornröschen ____
böse Fee ____
gute Fee ____
Küchenjunge ____
Prinz ____

Rotkäppchen

Rotkäppchen ____
Großmutter ____
Wolf ____
Jäger ____
Mutter ____

Der Wolf und die sieben Geißlein

Mutter Geiß ____
kleines Geißlein ____
böser Wolf ____
Mutter ____

Weitere gut bekannte Märchen sind: Schneewittchen, Rumpelstilzchen, Hänsel und Gretel, Schneeweißchen und Rosenrot, Der Froschkönig, Der Däumling, Die Prinzessin auf der Erbse.

Märchenhaft

Ein Schüler wählt eine bekannte Märchenfigur aus und nimmt deren Identität an. Er beschreibt den Mitschülern sein neues Aussehen, Wesen und Verhalten. Wer erkennt zuerst, in welche Märchenfigur sich der Schüler verwandelt hat?
Besonders gut eignen sich: Rumpelstilzchen, die Prinzessin auf der Erbse, der böse Wolf, Rotkäppchens Großmutter, Froschkönig, die Hexe aus „Hänsel und Gretel".

Kurzreferat

Bei diesem Spiel geht es darum, den Kindern die Angst zu nehmen vor der Klasse zu sprechen. Darum ist das „Referat" auch nicht so ganz ernst zu nehmen und vor allem nicht zu kritisieren, sondern zu loben – egal, wie ergiebig es ausfällt.
Vor der Stunde hat die Lehrerin verschiedene Begriffe auf Zettel geschrieben, diese zusammengefaltet und in ein Schächtelchen gelegt. Das Kind, das ein „Kurzreferat" halten möchte, zieht einen Zettel und liest den Begriff, z. B. **Indianer, Saurier, Wald, Piraten, Ritter.**
Dann erzählt der „Referent" vor der Klasse alles, was er zu diesem Begriff weiß.
Wer wirklich gar nichts zu einem Begriff weiß, darf einen Ersatzzettel ziehen und wem es völlig die Sprache verschlagen hat, der bittet die Mitschüler um Hilfe. Er ruft nun die Kinder auf, die sich melden und zu dem jeweiligen Begriff etwas zu sagen haben. So wird aus dem „Referenten" ein „Gesprächsleiter" und er wird eben für diese Tätigkeit und seinen Mut gelobt.

Eine Quatschgeschichte

1. Lies die Geschichte zuerst einmal ganz durch!
2. Elf Quatschwörter haben sich hier eingeschlichen. Wenn du sie findest, streiche sie bitte mit Bleistift durch.
3. Wie müssten die Wörter in Wirklichkeit heißen? Schreibe sie bitte darüber!

Ich gehe gerne in die Schule

Unsere Schule ist ein riesengroßer Hühnerstall mit vielen Fenstern und Türen. Mehr als zweihundert Kinder krabbeln täglich in dieses Haus.
Unsere Lehrerin heißt Frau Zick. Sie ist eine liebe Essiggurke mit blonden Haaren und blauen Ohren.
Ich sitze in der dritten Reihe, neben einem Pinguin. Er heißt Max und ist manchmal ziemlich verwelkt. Dann kann es schon sein, dass Frau Zick ihn bügelt. In der Pause fliegen wir im Pausenhof herum und essen unsere Autoreifen.
Nach dem Unterricht steht Frau Zick an der Klassenzimmertür und schüttelt jedem Wurstbrot zum Abschied die Füße.

4. Kannst du die Quatschwörter durch neue ersetzen? Denke dir möglichst lustige aus!

Geschichten aus der Wundertüte

Zwei Kinder bekommen eine Wundertüte ausgehändigt. In der Wundertüte befinden sich fünf beliebige Dinge, z. B. ein Spielzeugauto, eine Uhr, eine Flasche, ein Apfel und eine Zeitung.
Gemeinsam überlegen sich die beiden eine kleine Geschichte, in der all diese Dinge vorkommen. Nach ca. fünf Minuten Bedenkzeit treten die beiden Kinder vor die Klasse. Während das eine Kind erzählt, zeigt das andere den Mitschülern die entsprechenden Gegenstände.
Besonders lustig wird es, wenn die jeweiligen Wörter öfters vorkommen, sodass das Kind, das die Gegenstände zeigt, immer gerade noch das passende Objekt ergreifen und hoch halten kann.

Rate mal!

Der Lehrer steckt einen beliebigen Gegenstand in einen undurchsichtigen Sack und übergibt diesen einem Schüler. Der darf gleich nachschauen, was der Sack enthält, z. B. eine Zahnbürste. Nun beschreibt der Schüler den Rategegenstand ganz langsam, Schritt für Schritt seinen Mitschülern, z. B.: „Der Gegenstand ist aus Plastik. Jeder von euch besitzt so ein Ding. Der Name des Gegenstandes beginnt mit einem Z. Das Ding ist ungefähr so lang wie eine Mohrrübe."

Alle Kinder raten, um was es sich da wohl handelt. Wer zuerst den gesuchten Begriff nennt, darf den Gegenstand aus dem Sack holen, vorzeigen und gewinnt das Spiel.

Tipp: Im Falle, dass der Begriff einmal wirklich schwer zu beschreiben ist oder die Ratefüchse auf der Leitung stehen, darf ein Spieler mit geschlossenen Augen in den Sack fassen und den Gegenstand abtasten.

Mein Lieblingsbuch

Jedes Kind darf einmal sein Lieblingsbuch mit in die Schule bringen. Es erzählt den Mitschülern, wovon die Geschichte handelt und zeigt dazu die entsprechenden Bilder.

Eventuell wird die Geschichte oder ein Stückchen davon abwechselnd von einem Kind und der Lehrerin vorgelesen.

5 Aufgepasst! Spiele zur Schulung der Konzentration

Taschenlampenmalerei

Das Klassenzimmer wird, so gut es geht, verdunkelt. Ein Spieler bekommt eine Taschenlampe und „malt“ damit auf eine geeignete Wand des Zimmers oder auch an die Decke ganz einfache Bilder, z. B. ein Haus, einen Apfel, einen Schuh oder auch einzelne Buchstaben, Zahlen oder Rechenaufgaben.
Die Mitschüler müssen sehr aufmerksam die wandelnden Lichtpunkte verfolgen und erraten, was da gerade dargestellt wird. Wer den richtigen Begriff zuerst nennt, darf das nächste „Lichtbild“ mit der Taschenlampe malen.

Die Muster-Kopie

Zwei Schüler spielen zusammen. Jeder erhält gleich viele, gleichfarbige und gleich geformte Bausteine.
Zuerst wird zwischen den beiden Kindern eine Sichtbarriere, z. B. aus großen Büchern und Ordnern, errichtet. Jetzt legt ein Kind seine Bausteine zu einem beliebigen Muster auf dem Tisch aus. Ist das „Bild“ fertig, beginnt dieser Schüler, die Bausteine und deren Anordnung dem Partner möglichst genau zu beschreiben. Der Spielpartner hört genau zu und legt seine Bausteine nach der Beschreibung auf seinem Platz aus.
Schließlich wird die Barriere weggenommen und die beiden Spieler betrachten die beiden Musterbilder. Im Idealfall werden sie sich genau gleichen.
Ein Spiel, bei dem das genaue Zuhören genauso geübt wird wie das Erteilen klarer, eindeutiger Arbeitsanweisungen.

Das Tütengeheimnis

Jeden Tag darf ein anderer Schüler eine Tüte mit in die Schule bringen, in der ein geheimer Gegenstand steckt, z. B. eine Zitrone, ein Teddy, eine Zahnbürste.

Der Schüler stellt sich mit der Tüte vor die Klasse und beantwortet alle Fragen bezüglich des Gegenstandes mit Ja oder Nein. Erhält ein Schüler als Antwort auf seine Frage ein Nein, so ist ein anderes Kind an der Reihe weiterzufragen.
Schließlich wird irgendein Mitschüler den Namen des geheimen Gegenstandes nennen und darf zur Belohnung die Tüte öffnen und den Geheimgegenstand vorzeigen.

Bärenjagd

Am Morgen schreibt die Lehrerin ein ungewöhnliches Wort, z. B. Apfelmus, an die Tafel und verspricht demjenigen ein Gummibärchen zur Belohnung, der es zuerst merkt, wenn sie im Laufe des Tages dieses Wort benutzt. Natürlich wird die Lehrerin mehrmals dieses Wort einfließen lassen, damit auch mehrere Kinder beweisen können, wie gut sie aufpassen.

Bekannte Geräusche

Dieses Spiel wirkt beruhigend und entspannend auf die Schüler, schult aber gleichzeitig das genaue Hinhören und das Gedächtnis. Jeder Schüler verschränkt seine Arme und legt den Kopf in dieses „Nest".
Wenn es ganz leise geworden ist, erzeugt die Lehrerin nacheinander fünf bekannte Geräusche. So klappt sie vielleicht ein Buch zu, öffnet eine Schublade, zerreißt ein Blatt Papier usw.
Jetzt dürfen die Kinder wieder „aufwachen" und sollen schnell auf ein Blatt Papier notieren, welche fünf Geräusche sie gerade gehört haben. Danach werden die Ergebnisse vorgelesen und die besten Lauscher ermittelt.

Lob

Versuchen Sie jeden Tag jeden Schüler bei einer lobenswerten Tätigkeit bzw. bei lobenswertem Verhalten zu „erwischen".

Was ist denn das?

Einem Schüler werden die Augen verbunden. Ein anderer nimmt ihn an der Hand und führt ihn durchs Klassenzimmer. Irgendwo bleibt er stehen und legt die Hände des „Blinden" auf einen beliebigen Gegenstand, z. B. auf ein Federmäppchen, auf ein Stück Seife, auf einen Füller.
Der „Blinde" tastet das Ding genau ab und soll schnell angeben, worum es sich dabei handelt.

Variation:
Während dem einen Spieler die Augen verbunden werden, tauschen die übrigen Mitschüler leise ihre Plätze. Dann wird der „Blinde" zu einem Kind geführt, das er nun abtasten und erkennen soll.

Hör doch mal!

Alle Kinder verschränken ihre Arme, legen ihre Köpfe darauf und schließen die Augen.
Die Lehrerin lässt nun einen beliebigen Gegenstand fallen, z. B. eine Münze, ein Buch, einen Schlüsselbund, ein Stück Kreide.
Die Kinder lauschen ganz genau. Wer meint, den Gegenstand am Geräusch erkannt zu haben, meldet sich. Wer die richtige Antwort nennt, darf das nächste Geräuschrätsel vorgeben, also nach vorne kommen, einen Gegenstand auswählen und ihn zu Boden fallen lassen.

Ein Koffer voller Reime

Ein Spieler sagt einen Reim, z. B.: „Tante Ulla saugt am Schnuller“. Der zweite Spieler wiederholt den ersten Reim und fügt einen zweiten dazu, z. B.: „Tante Ulla saugt am Schnuller. Franz kauft seiner Miezekatze eine neue Luftmatratze.“ So wird nach dem Prinzip des bekannten „Kofferpackens“ die Reihe der Reime von Spieler zu Spieler immer länger, bis schließlich ein Kind nicht mehr weiterweiß, sich verhaspelt oder einen Reim auslässt. Dieses Kind scheidet aus und die anderen spielen weiter, bis am Ende nur noch ein Kind als Sieger übrig ist.

Das Lego-Duplikat

Immer zwei Schüler spielen zusammen. Während der eine seine Augen schließt, baut der andere aus zehn gleich großen Legosteinen ein beliebiges Gebilde. Dieses Gebilde darf der Spielpartner mit geschlossenen Augen gründlich abtasten. Dann wird das Objekt versteckt, der „Blinde“ öffnet seine Augen und darf nun versuchen, aus zehn gleich großen Legosteinen ein Duplikat des Gebildes herzustellen.
Ist er fertig, werden Original und Kopie verglichen.

Zahlenvergleich

Auf die Rückseite des linken Tafelflügels werden 15 verschiedene Zahlen geschrieben. Auf die Rückseite der rechten Tafel kommen die gleichen Zahlen, jedoch eine weniger und in einer anderen Anordnung:

117 6
59 5000
35 56 448
1002
3 84 26
13 62
1 43 98

13 43
117 98
26 84 3
62
448 5000 56
59 6
1002 35

Die Schüler sollen die Zahlen vergleichen und möglichst schnell herausbekommen, welche fehlt.

Tipp: Das gleiche Spiel kann man auch mit Buchstaben durchführen!

oder Bildkasten
(Vokabeln Englisch)

Superhirn

Die Lehrerin hat heimlich auf die Rückseite einer Seitentafel 20 verschiedene Zahlen geschrieben. Dann heißt es: „Auf die Plätze, fertig, los!“, und die Tafel wird aufgeklappt.
Alle Schüler haben jetzt 30 Sekunden lang Zeit, sich so viele Zahlen wie möglich zu merken, bevor die Tafelanschrift wieder verdeckt wird.
Nun darf nacheinander jede Partnergruppe eine Zahl nennen.
Wer keine weitere mehr weiß oder eine bereits genannte Zahl wiederholt, scheidet aus.
Es gewinnt die Gruppe (oder die Gruppen), die sich am längsten im Spiel halten kann.
In der nächsten Spielrunde werden die Partnergruppen in einer anderen Reihenfolge nach den Zahlen befragt, sodass im Spiel, das etwa zehn Runden umfasst, jede Gruppe etwa die gleichen Chancen hat.

Mein Stein

Jedes Kind darf sich aus einem bereitgestellten Körbchen einen Stein entnehmen und ihn gründlich betrachten und betasten.
Dann werden die Steine wieder eingesammelt und mit einem Folienstift nummeriert.
Schließlich sitzen alle Kinder im Kreis und geben die Steine einzeln, den Nummern nach, von Spieler zu Spieler. Dabei passt jeder gut auf, um seinen Stein wiederzuerkennen.
Am Ende, wenn alle Steine wieder bei der Lehrerin angekommen sind, darf jeder Schüler seinen Stein mit der entsprechenden Nummer von der Lehrerin anfordern.
Wenn alle gut aufgepasst haben, müsste schließlich jedes Kind seinen Stein in Händen halten und darf ihn als Glücksbringer behalten.

Mit Fingerspitzengefühl

Zwei Kinder verlassen das Klassenzimmer. Währenddessen formen einige andere Kinder aus einem Klumpen Plastilin irgendwelche abstrakte Gebilde – frei nach Fantasie.
Nun wird einer der Spieler wieder hereingerufen. Schnell werden ihm die Augen verbunden. Ein Mitschüler wählt nun eines der Gebilde aus und überreicht es dem „Blinden". Der tastet das Objekt innerhalb von 30 Sekunden, so gut es geht, ab. Dann wird der ausgewählte Gegenstand wieder zu den anderen zurückgestellt.
So, nun darf auch der zweite Spieler zurück ins Klassenzimmer kommen. Der „Blinde" beschreibt ihm so genau wie möglich den abgetasteten Gegenstand und der sehende Spieler soll ihn aufgrund dieser Beschreibung erkennen.

Das Bilder-Quiz

Die Kinder sitzen im Kreis um die Lehrerin herum, die nun ein Bild, z. B. ein Kalenderbild, aus einer Mappe zieht und es in die Kreismitte legt, sodass es alle Kinder gut sehen können.
Eine Minute lang betrachten die Schüler still das Bild und versuchen, sich möglichst viele Einzelheiten zu merken.
Dann dreht die Lehrerin das Bild um und stellt mehrere Fragen, z. B.:
- „Wie viele Menschen sind auf dem Bild zu sehen?"
- „Welche Jahreszeit zeigt das Bild?"
- „Konntest du auch Tiere sehen?"

Münzen tasten

In zwei undurchsichtige Tüten werden jeweils etwa zehn Münzen gelegt. Ein Schüler schließt die Augen und steckt jede Hand in eine Tüte. Nun tastet er die Münzen so lange ab, bis er meint, in beiden Händen gleiche Münzen zu halten. Zur Kontrolle nimmt er sie aus den Tüten. Stimmt die Vermutung, legt der Schüler die beiden Münzzwillinge zur Seite und versucht auf die gleiche Weise, noch zwei weitere Münzen aus den Tüten zu fischen. Am besten führt man das Spiel in kleinen Gruppen oder Partnergruppen durch, damit jeder Schüler mehrmals an die Reihe kommt.

Geheimsache

Bei diesem Konzentrationsspiel machen alle Kinder gerne mit, denn es geht darum, eine Geheimschrift zu lernen, die vorerst nur die Schüler dieser Klasse kennen. Aber diese Art der Geheimschrift ist leicht veränderbar, sodass sich anschließend gute Freunde oder „Geheim-Clubs" nach dem bekannten Prinzip ihre eigene Geheimschrift festlegen können.
Die Lehrerin schreibt ein Wort an die Tafel, in dem neun verschiedene Buchstaben vorkommen, z. B.:

B	**U**	**C**	**H**	**S**	**T**	**A**	**B**	**E**	**N**
1	2	3	4	5	6	7	1	8	9

Nun ersetzt man alle Buchstaben, die bei dem Beispiel einem Zahlenwert zugeordnet wurden, durch die jeweilige Zahl. Alle anderen Buchstaben werden wie gewohnt geschrieben.

Beispiel: S C H U L K L A S S E schreibt sich also 5 3 4 2 l k l 7 5 5 8 und W E I H N A C H T S F E R I E N sieht so aus W 8 I 4 9 7 3 4 6 5 F 8 R I 8 9.

6 Mathematikspiele

Vorgänger-Nachfolger-Bingo

Alle Schüler suchen sich aus dem Zahlenraum von 1 bis 50 drei beliebige Zahlen aus und schreiben sie mit rotem Stift untereinander auf ihren Block. **Achtung:** Die Zahlen 1 und 50 können nicht ausgewählt werden!

Beispiel:

4
10
44

Sind alle Kinder fertig, beginnt die Lehrerin damit, langsam beliebige Zahlen des entsprechenden Zahlenraumes anzusagen, z. B. sieben, achtundzwanzig.
Hört ein Kind eine Zahl, die eine Nachbarzahl zu einer seiner Zahlen auf dem Block ist, trägt es sie an der entsprechenden Stelle, also entweder vor oder nach seiner „roten“ Zahl, ein.
Der Schüler, der zuerst alle Nachbarn seiner „roten“ Zahlen gehört und entsprechend eingetragen hat, ruft laut „Bingo!“ und hat, falls die Lehrerin bei der Kontrolle keinen Fehler entdeckt, gewonnen.

Feiertags-Mathematik

Viele Schüler mögen Sachaufgaben gar nicht. Das liegt unter anderem auch daran, dass es die Kinder einfach nicht interessiert, wie viel Geld dem Herrn Müller zum Leben bleibt oder wie viele Anzüge der Schneider aus einem Ballen Stoff fertigen könnte.
Vielmehr interessiert es sie, wenn die Aufgabe etwas mit ihrem Leben, z. B. mit der jeweiligen Jahreszeit – noch besser mit besonderen Feiertagen wie Geburtstag, Weihnachten, Ostern, Beginn der Sommerferien –, zu tun hat.
Also vielleicht:
Der Nikolaus erhält jeden Tag 235 Briefe von Kindern. Er antwortet jedem Kind mit einem Brief, auf den er jeweils eine Briefmarke von 1,10 DM kleben muss. Wie viel Geld gibt der Nikolaus täglich für Porto aus?

Kinder ab der dritten Grundschulklasse können selbst schon die tollsten Textaufgaben erfinden!
So könnten die Schüler z. B. aufgefordert werden, Textaufgaben passend zu Ostern zu formulieren. Was dabei herauskommt ist toll!
Die folgende Aufgabe hat ein Mädchen in der vierten Klasse erfunden: Der Osterhase holt sich einen Korb mit 377 Eiern vom Bauernhof ab. Unterwegs zerbrechen 9 Eier. Zu Hause bemalt er die Hälfte der Eier rot. Die Hälfte der restlichen Eier werden blau. 41 Eier werden gelb. Wie viele kann der Osterhase noch lila anmalen? (51 Eier)

Zahlenduell

Zum Zahlenduell treten immer zwei Banknachbarn gegeneinander an.
Für dieses Spiel stellen die Schüler einen Atlas (oder Ähnliches) als Sichtschutz zwischen sich. Jeder Spieler breitet zehn beliebig große Zettel vor sich aus und beschriftet sie von 1 bis 10.

1	2	3	4	5	6	7	8	9	10

Dann nimmt jeder Spieler einen beliebigen Zettel in die Hand. Auf ein gemeinsames Kommando hin heben die beiden Spieler ihr Zahlenkärtchen hoch. Wer die größere Zahl hat, bekommt das Zahlenkärtchen vom Nachbarn.
Am Ende des Spiels zählt jeder nach, wie viele Zettel er nun besitzt. Wer die meisten hat, ist Sieger des Zahlenduells.

Platztausch

Die Schüler sollen zu Hause mithilfe der Eltern eine Spielkette herstellen. Dazu schneidet sich jeder eine Form aus Pappe aus, z. B. ein Dreieck, einen Kreis oder ein Viereck.
In die Pappform wird ein Loch, z. B. mithilfe eines Lochers, gestanzt und von den Kindern entweder rot, gelb, blau oder grün bemalt. Dann fädelt

man ein Bändchen durch das Loch und verknotet es, sodass der Schüler seine Form am Bändchen um den Hals tragen kann.
Für das Spiel legen die Schüler ihre Ketten um und setzen sich im Kreis auf ihre Stühle.
Ein Spielleiter ruft jetzt z. B.: „Alle roten Formen tauschen Plätze!“ Daraufhin stehen alle Kinder auf, die ein rotes Dreieck, Viereck oder einen roten Kreis um den Hals tragen und suchen sich schnell einen neuen Platz. Aber auch der Spielleiter versucht einen Platz zu erwischen. Wer keine Sitzgelegenheit ergattern kann, wird der nächste Spielleiter und ruft vielleicht: „Alle Dreiecke tauschen die Plätze!“
So wird weitergespielt, bis jedes Kind mindestens einmal seinen Platz getauscht hat.

Tipp: Um zu verhindern, dass 99 % aller Kinder eine Kette mit einem roten Kreis basteln, ist es vielleicht ratsam, jedem Kind vorzugeben, welche Form und Farbe sein Kettenanhänger haben soll.

Die Zahlen-Collage

Alle Kinder schneiden aus alten Zeitungen große, bunte Zahlen aus und kleben sie gemeinsam auf ein Stück Pappe. Die fertige Collage wird im Klassenzimmer aufgehängt.

Variation:
Nach dem Kennenlernen einer neuen Zahl, z. B. der 4, dürfen die Kinder in den Illustrierten nach dieser Zahl suchen, diese ausschneiden und wieder gemeinsam mit eben lauter Vieren eine Collage kleben.

Zeit-Kim

Nacheinander werden verschiedene Aufgaben durchgeführt. Vorher jedoch muss jeder Schüler einen Tipp abgeben, wie lange es wohl dauern wird, die Aufgabe durchzuführen.
Beispiele: „Wie lange wird es dauern, bis Flori seine Turnschuhe ausgezo-

gen hat?“ „Wie lange dauert es, bis Hanna das Alphabet rückwärts aufgesagt hat?“
Nach jeder Aufgabe wird kontrolliert, welcher Schüler mit seiner Zeitschätzung der Wirklichkeit am nächsten kam.

Gerade und ungerade

Um dieses spannende, laute Spiel durchzuführen, begeben sich alle Kinder auf den Schulhof. Die Lehrerin geht nun von Kind zu Kind, gibt jedem ein Wattebällchen (eine Büroklammer, eine Bohne, ...) in die Hand und flüstert jedem Kind eine Zahl ins Ohr. Zwei Schüler aber erhalten statt einer Zahl und eines Wattebällchens je einen Eimer. Das eine Kind soll nun von allen Kindern, die eine gerade Zahl bekommen haben, die Bällchen einsammeln, das andere Kind sammelt die Bällchen der Schüler mit einer ungeraden Zahl ein.
Zuerst aber verteilen sich die Kinder nach Belieben im Schulhof. Dann gibt die Lehrerin das Startsignal. Sofort ruft jedes Kind immer wieder seine Zahl, also z. B.: „Vierzehn, Vierzehn, Vierzehn.“
Die Einsammler laufen los und versuchen, möglichst rasch die Wattebällchen ihrer Anhänger einzusammeln.
Wer zuerst alle entsprechenden Wattebällchen eingesammelt hat, dessen Gruppe gewinnt das Spiel.

Das Zahl-Büchlein

Jedes Kind bekommt ein leeres Heft und darf jede neu gelernte Zahl ganz groß und bunt auf die jeweils linke Hälfte einer Doppelseite schreiben.
Auf die rechte Seite werden dann entsprechend viele Fingerabdrücke gestempelt, Bilder gemalt oder ausgeschnitten und passende Gegenstände eingeklebt.

Höher oder niedriger?

Ein Spiel für zwei Schüler, für das man 20 gleich große Kärtchen braucht, auf denen jeweils eine Zahl von 1 bis 20 steht.

1	12	20	4	…

Ein Schüler nimmt die Karten an sich und mischt sie gründlich.

Nun zeigt er dem Spielpartner die erste Karte, z. B. **16**.

Der Partner soll nun angeben, ob die nächste Karte wohl höher oder niedriger sein wird. In unserem Fall wird er sich wohl für niedriger entscheiden.

Dann wird die zweite Karte vorgezeigt, z. B. **8**.

Die Vermutung des Schülers war also richtig und er darf so lange weiterspielen, bis er eine falsche Vermutung äußert. Wenn die beiden Kinder das Spiel im Wettbewerb spielen möchten, so zählen sie einfach mit, wie viele Vermutungen hintereinander zugetroffen haben und vergleichen die Ergebnisse, um so den Sieger zu ermitteln.

Die Tabu-Zahl

Eine Zahl, z. B. die 3, wird zur Tabu-Zahl erklärt und darf also fortan auch in Zahlenkombinationen nicht mehr vorkommen.
Nun stellt die Lehrerin nacheinander Rechenaufgaben, z. B. 8 + 5, und ruft einen Schüler auf, der die Lösung nennen soll.
Da das Ergebnis – in unserem Beispiel 13 – die Tabu-Zahl enthält, muss der Schüler geschickt antworten. Zum Beispiel gibt er als Lösung dieser Aufgabe „11 + 2“ an oder er sagt: „Die Lösungszahl ist um 1 größer als 12.“

Der Zahlendieb

Auf die Rückseite einer Seitentafel werden Magnetzahlen von 1 bis 9 kunterbunt durcheinander angebracht.
Die Schüler werfen einen Blick darauf, um sicher zu sein, ob auch wirklich alle Zahlen da sind. Nun klappt die Lehrerin die Tafel zurück, hängt ein paar Magnetzahlen um und lässt eine verschwinden. Die Tafel wird nach vorne geklappt und alle Kinder beobachten genau, welche Zahl da gestohlen wurde. Wer zuerst die fehlende Zahl nennt, darf an die Tafel kommen und der nächste Zahlendieb sein.

Recheneier

Die Schüler werden aufgefordert, die gelben Plastikbehälter aus den Überraschungseiern zu sammeln.
Für jedes Ei wird eine Rechenaufgabe auf einen Zettel geschrieben, zusammengefaltet und in den Behälter gesteckt. Die Zettel und die Eier werden mit den gleichen Nummern beschriftet. Zehn gefüllte Überraschungseier werden in einen Eierkarton gesteckt. Wann immer ein Kind Zeit und Lust hat, holt es sich ein Überraschungsei aus der Schachtel und löst die Aufgabe.
Die Lehrerin kontrolliert die Rechnung und notiert auf einer Klassenliste, welches Kind welche Aufgabe erledigt hat.
Hat ein Schüler schließlich alle Überraschungseier „geknackt“, erhält er einen kleinen Preis – vielleicht ein Überraschungsei?

Das Rechen-Rennen

Die Schüler bilden zwei gleich große Gruppen – A und B. Jedes Mitglied erhält eine Nummer, entsprechend der Gruppengröße. Bei 24 Schülern zum Beispiel von 1 bis 12. Auf diese Weise gibt es zu jeder Zahl zwei Schüler – einen in Gruppe A und einen in Gruppe B.
Die Schüler jeder Gruppe stellen sich nebeneinander an die gegenüberlie-

genden Wände des Klassenzimmers. In der Mitte sitzt die Lehrerin und hat vor sich ein Körbchen mit kleinen Bällen (Äpfeln, Kastanien, Bohnen, ...). Nun gibt die Lehrerin eine beliebige Rechenaufgabe vor, z. B. 8 + 4 – 5. Alle Schüler rechnen für sich.
Die beiden Schüler aber, die die Nummer „7“ erhalten haben, rennen zur Lehrerin. Wer sich zuerst einen Ball aus dem Körbchen schnappt, darf ihn behalten.
Am Ende des Spiels, wenn also jeder Schüler mindestens einmal an der Reihe war, zählt jede Gruppe die erbeuteten Bällchen. Die Gruppe, die die meisten Bälle hat, gewinnt das Spiel.

Die Zähl-Fotokärtchen

Im Klassenzimmer, auf dem Pausenhof oder auf einer Wanderung werden zehn Fotos von verschieden großen Schülergruppen erstellt. Auf einem Foto ist nur ein Schüler zu sehen, auf einem anderen Foto gibt es zwei Schüler zu bewundern usw. bis hin zum zehnten Foto, auf dem eben eine Gruppe von zehn Kindern erscheint. Achten Sie darauf, dass jedes Kind mindestens einmal auf dem Fotosatz zu erkennen ist.
Diese Zähl-Fotokärtchen werden in einer Schachtel oder in einem großen Briefumschlag aufgehoben. Spielen kann damit immer nur ein Schüler, und zwar so:
Der Schüler holt ein Kärtchen aus dem Umschlag, zählt die darauf abgelichteten Kinder, z. B. vier, legt das Foto auf den Tisch und legt ebenso viele Knöpfe (Erbsen, Büroklammern etc.) darauf. So wird weitergespielt, bis schließlich alle zehn Fotos auf dem Tisch liegen, mit entsprechend vielen Knöpfen darauf.

Fingermathematik für Erstklässler

Einem Kind schreibt man mit wasserlöslichem Stift auf jede Fingerkuppe eine Zahl von 1 bis 10. Die Zahlen müssen zufällig und unsystematisch angeordnet sein.

Dann zeigt das Kind seinen Mitspielern in der Gruppe die Finger, knickt aber einen um. Die Mitspieler kontrollieren jetzt, welche Zahlen da sind und nennen dann so schnell wie möglich die Zahl, die auf dem umgeknickten Finger steht.

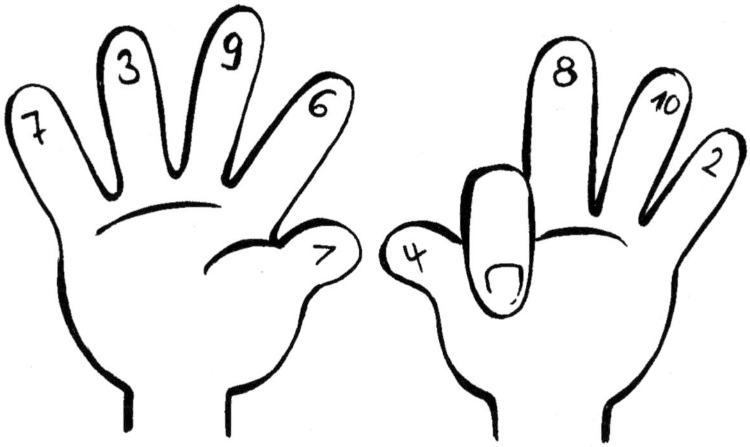

Die Rechenstaffel

Die Schüler spielen in gleich großen Gruppen von jeweils ca. fünf Kindern zusammen.

Auf das Startzeichen hin rennen die jeweils Gruppenersten an die Tafel und schreiben eine beliebige Zahl an. Dann rennen sie zurück und übergeben dem jeweils zweiten ihrer Gruppe die Kreide. Der saust nun ebenfalls zur Tafel und schreibt eine neue (andere!) Zahl unter die erste.

So wird weitergemacht, bis schließlich der Gruppenletzte an die Tafel rennt und das Ergebnis anschreibt, das er durch Addieren der Zahlen erhält.

Gruppen, deren Ergebnisse nicht stimmen, scheiden aus. Haben mehrere Gruppen ihre Zahlen richtig addiert, so wird diejenige zur Siegergruppe ernannt, die zuerst fertig war.

In der nächsten Spielrunde ändert jede Gruppe die Reihenfolge ihrer Mitglieder. Der erste Schüler wird Letzter, der zweite wird Gruppenerster usw.

Variation: Genauso können natürlich auch Subtraktionen ausgeführt werden, wenn man anfangs eine Zahl, z. B. 100, vorgibt, von der dann alle weiteren abgezogen werden sollen.

Der Rechenzug

Dieses Spiel eignet sich für große Schülergruppen von sechs bis zehn Kindern. Die Kinder bilden zuerst einen Zug, indem sie sich eng hintereinander auf den Boden setzen.
Das Allerwichtigste bei diesem Spiel sind die Fahrkarten. Jeder Mitfahrer erhält eine, die etwa so aussieht:

Rechenzug-Fahrkarte

										Philipp

Die Lehrerin stellt jetzt dem ersten Zugfahrer eine Rechenaufgabe, z. B. 12 – 5. Kann das Kind die richtige Lösung nennen, wird in seine Zugfahrkarte ein Feld entweder gestempelt oder gelocht.
Das Kind stellt nun dem nächsten Mitreisenden eine Rechenaufgabe, wobei das Ergebnis der ersten Aufgabe den ersten Teil der Rechnung darstellt.
Das Kind sagt nun vielleicht „+ 8“ und der zweite Mitfahrer nennt das richtige Ergebnis laut und erhält natürlich ebenfalls einen Stempel oder

ein Loch in eines der Felder seiner Fahrkarte. Wer ein falsches Ergebnis nennt, dem wird natürlich auch die Fahrkarte nicht „gezwickt".
Gespielt wird, solange dafür Zeit ist, bzw. bis einige Kinder ihre Fahrkarte voll haben. Die alte Fahrkarte wird bei der Lehrerin abgegeben. Das Kind erhält dafür einen kleinen Preis und eine neue Fahrkarte.

Einmaleins-Rätsel

In einem Körbchen liegen 20 zusammengefaltete Zettel. Auf jeweils zwei Zetteln steht die gleiche Zahl, also zweimal die 1, zweimal die 2 usw.
Ein Kind zieht nun zwei Zettel aus dem Korb, liest die Zahlen, multipliziert sie still und nennt den Mitschülern lediglich das Ergebnis, z. B. 10.
Welche Zahlen standen auf beiden Zetteln?
Die Mitschüler notieren ihre Vermutungen auf den Block.
Am Ende des Spiels, wenn zehn Aufgaben vorgerechnet wurden, werden die Ergebnisse – sprich die 1 × 1-Aufgaben vorgelesen und verglichen.

10	2 × 5
9	3 × 3
28	4 × 7
…	… …

Eine-Minute-Tätigkeiten

Wie lang ist eine Minute? Was kann man wohl alles in einer Minute machen? Die Kinder überlegen, sammeln passende Tätigkeiten und diskutieren darüber, ob diese wohl tatsächlich in einer Minute zu schaffen sind. Also in einer Minute kann man z. B. das Papier von einer vollen Toilettenpapierrolle abwickeln, eine Tasse Milch austrinken, eine Orange schälen.

Mathe zu viert

Für dieses Spiel wird ein Satz Spielkarten benötigt. Jede Karte hat den Wert, der darauf steht, Bilder haben den Wert 10 und ein Ass hat den Wert 11.

Nun teilen sich zwei Kinder den Kartenstapel und zwei weitere Kinder – A und B – treten im Rechnen gegeneinander an.
Die beiden Kartenhalter drehen gleichzeitig die oberste Karte ihres Stapels um, z. B.:

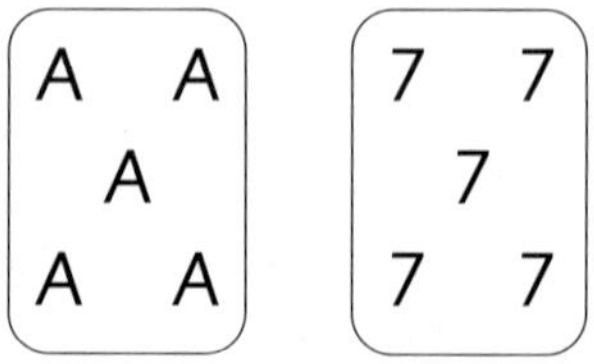

Nun müssen Schüler A und B ganz schnell die Werte dieser Karten zusammenzählen und das Ergebnis – in unserem Beispiel 18 – nennen. Wer das richtige Ergebnis zuerst nennt, erhält beide Karten. Am Ende des Spiels zählen Schüler A und B ihre erbeuteten Karten. Wer die meisten hat, gewinnt.
Natürlich kann dieses Spiel auch mit Subtraktion und Multiplikation durchgeführt werden.

Mein persönliches Zahlenbuch

Jeder Mensch hat bestimmte Zahlen, die ihm wichtig sind, bzw. die ihm näher stehen als andere, z. B. die Hausnummer, das Geburtsdatum, die Telefonnummer, die Anzahl der Mitglieder in der Familie, die persönliche Lieblingszahl.

Jeder Schüler erhält ein kleines, dünnes Heft (möglichst ohne Lineatur), trägt nun auf jede Seite eine persönliche Spezialzahl in großen, bunten Ziffern ein und malt ein entsprechendes Bild dazu.

Rechenübung mit Fliegenklatschen

Vier oder fünf Schüler sitzen um einen Gruppentisch herum, jedes Kind hält eine Fliegenklatsche in der Hand.
Auf dem Tisch liegen Karten, auf denen je eine beliebige Zahl steht, z. B.:

Nun stellt der Spielleiter eine Rechenaufgabe, z. B.:

$$3 \times 4 - 3$$

Alle Schüler rechnen die Aufgabe blitzschnell aus und schlagen dann mit der Fliegenklatsche auf das entsprechende Lösungskärtchen, in unserem Fall auf das Kärtchen [9]. Wer zuerst auf das richtige Kärtchen schlägt, nimmt es an sich.
Am Ende des Spiels zählt jeder seine erbeuteten Kärtchen. Wer die meisten hat, gewinnt.

Rechengruppen

Auf einem Tisch in der Mitte des Klassenzimmers liegen genauso viele Pappkärtchen, wie Spieler anwesend sind. Die verdeckte Seite jedes Kärtchens ist mit einer Zahl von 0 bis 10 beschriftet.
Die Lehrerin ruft jetzt z. B. „Vierergruppe!“.
Jedes Kind saust sofort zum Tisch, schnappt sich ein Kärtchen und geht mit drei anderen zu einer Vierergruppe zusammen. Nun zählen die Schüler jeder Gruppe die Zahlen auf den vier Kärtchen zusammen, also z. B.:

2 + 7 + 1 + 4 = 14

Welche Gruppe hat das höchste Ergebnis? In der nächsten Runde werden vielleicht 5er-Gruppen, 2er-Gruppen usw. gebildet.
Um das Rechnen etwas abzuwandeln oder um es schwieriger zu gestalten, kann man eine Ausgangszahl, z. B. 20, vorgeben, von der dann die Summe der Kärtchenzahlen abgezogen werden muss. Welche Gruppe hat jetzt das höchste Ergebnis?

Variation:
Die Kärtchen werden mit Buchstaben beschriftet. Welcher Gruppe gelingt es, ein Wort zu bilden, in dem alle vier Buchstaben vorkommen.

Beispiel: A Z P E

Lösung: Zahnpastatube, zappeln, Platzregen, …

Mathematik-Domino

Immer zwei Schüler spielen das Mathematik-Domino zusammen. Die Dominosteine werden verdeckt auf den Tisch gelegt.
Beide Schüler wählen sich je ein Steinchen aus und drehen es um. Nun zählt jeder die Punkte auf seinem Dominostein. Wer mehr Punkte aufweisen kann, nimmt beide Steine an sich. So wird weitergespielt, bis alle Dominosteine verteilt sind. Jetzt zählt jeder nach, wie viele er erbeuten konnte. Wer die meisten Steine hat, gewinnt.

Achtung: Haben zufällig einmal beide Steine gleich viele Punkte, so kommt es darauf an, wer beim nächsten Duell gewinnt. Der darf dann alle vier Dominosteine an sich nehmen.

Die Platzauslosung

Durch dieses Spiel werden die Plätze im Klassenzimmer für einen Schultag oder eine Schulstunde neu verteilt.
Pro Schüler wird eine Rechenaufgabe auf eine Karte geschrieben, z. B. **18 + 23 = ___**. Diese Kärtchen werden am Morgen, bevor die Schüler das Klassenzimmer betreten, auf die Plätze gelegt.
Die Lösungen aller Aufgaben schreibt man einzeln auf kleine Zettel, faltet diese und gibt sie alle als Lose in eine Schachtel.
Wenn die Schüler eintreffen, zieht jeder ein Los, rechnet die Aufgaben, die auf den Schülertischen liegen und setzt sich schließlich an den Platz, auf dem die Aufgabenkarte liegt, die zu seinem Ergebnis passt.
Achtung: Es sollte kein Ergebnis mehrmals vorhanden sein!

Die Klassenreise nach Jerusalem

Auf farbige Kärtchen schreibt man je eine Rechenaufgabe aus dem aktuellen Stoff. Auf die Rückseite des Kärtchens wird das Ergebnis notiert.
Dann legt die Lehrerin auf jeden Platz in der Klasse eine Aufgabenkarte.
Die Schüler, jeder mit Block und Stift ausgerüstet, stehen auf. Sobald nun Musik ertönt, gehen die Schüler durchs Klassenzimmer. Bricht die Musik plötzlich ab, setzt sich jeder Schüler an den Platz, dem er gerade am nächsten ist und löst die Matheaufgabe, die auf diesem Platz liegt.
Wer fertig ist, darf das Aufgabenkärtchen umdrehen, um sein Rechenergebnis zu kontrollieren. Dann ertönt wieder Musik und die Reisegruppe macht sich erneut auf den Weg.

Wer hat den Dreh heraus?

Jeder Schüler erhält eine Nummer. Die Lehrerin stellt eine beliebige, dem Stoff entsprechende Rechenaufgabe, z. B. 21 – 8 + 4.
Alle Schüler rechnen still für sich. Merkt ein Schüler, dass das Ergebnis der Rechenaufgabe gleich seiner Nummer ist – in unserem Beispiel 17 – steht er auf, dreht sich einmal im Kreis und setzt sich wieder auf seinen Platz.

Drehwurm

Fünf Schüler stellen sich nebeneinander so vor die Tafel, dass sie zu ihren Mitschülern in der Klasse schauen. Die Lehrerin gibt nun jedem Schüler eine Zahl und schreibt diese auch noch über dem Kopf des Kindes an die Tafel.

Die Mitschüler stellen Rechnungen, wobei das Ergebnis einer der fünf Zahlen entsprechen soll, z. B. 7 + 3 + 2.
Der Schüler, der vor der Zahl 12 steht, dreht sich einmal im Kreis.
Wer sich fälschlicherweise dreht, bzw. wer eigentlich an der Reihe wäre sich zu drehen, dies aber nicht tut, bestimmt ein Kind aus der Mitschülerschar, das dann seinen Platz an der Tafel einnimmt.

Das Würfelgitter

An der Tafel wird ein Gitter von 6 × 6 Kästchen aufgezeichnet und mit den Zahlen von 1 bis 36 in beliebiger Reihenfolge ausgefüllt. Die Schüler werden in zwei gleich große Gruppen – A und B – eingeteilt.
Ein Schüler der Gruppe A beginnt und würfelt gleichzeitig mit vier Würfeln.

Nun dürfen die erwürfelten Augen addiert, subtrahiert, multipliziert oder dividiert werden. Das Ergebnis wird in dem entsprechenden Gitterkästchen mit der Farbe der Gruppe übermalt, z. B. Gruppe A rot, Gruppe B grün.
Ziel des Spieles ist es, vier zusammenhängende Felder des Gitters entweder waagrecht, senkrecht oder diagonal in der Gruppenfarbe zu übermalen.

21	13	22	33	1	12
36	14	35	2	23	17
7	29	16	24	3	15
8	6	30	11	28	4
9	26	5	32	18	25
20	31	19	34	10	27

Beispiel:
Gruppe rot: Spieler A würfelt

und rechnet (5 + 1) × (3 + 3) = 6 × 6 = **36.**

Spieler B würfelt

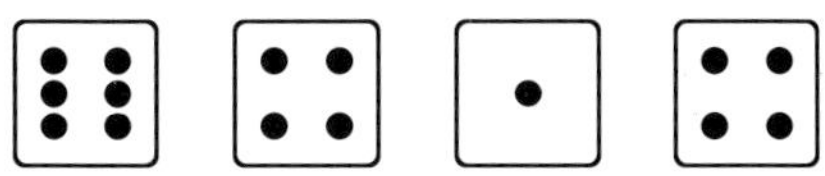

und rechnet 6 + 4 + 1 + 4 = **15.**

Die Geheimzahl

Ein Schüler notiert sich eine beliebige Zahl zwischen 1 und 20. Sein Spielpartner hat nun vier Versuche, um die Geheimzahl zu erraten. Nach jedem Versuch gibt der Schüler wahrheitsgemäß an, ob seine Geheimzahl größer oder kleiner ist.

Beispiel:
Der Schüler denkt sich die Zahl 18.

Partner: „10“
Schüler: „größer“
Partner: „15“
Schüler: „größer“
Partner: „17“
Schüler: „größer“

Nun muss der Partner raten. Es sind noch drei Zahlen, nämlich 18, 19 und 20, möglich. Gewinnt der Partner das Spiel, so darf er sich die nächste Geheimzahl notieren.

„20“

Bei diesem Spiel zählen zwei Spieler abwechselnd bis 20. Wer die 20 nennt hat das Spiel gewonnen. Wichtig dabei ist, dass jeder, wenn er an der Reihe ist, nach eigener Wahl entweder eine oder zwei Zahlen nennen darf.

Beispiel: Spieler A: „1“
Spieler B: „2, 3“
Spieler A: „4, 5“

Geheimtipp:
Es gewinnt derjenige, dem es gelingt, die 17 zu nennen. Nun hat der Spielpartner die Möglichkeit eine Zahl, also die 18, zu nennen. Dann ergänzt der andere Spieler einfach zwei Zahlen, nämlich 19 und 20, – und gewinnt.
Sagt aber der Spielpartner zwei Zahlen, in unserem Fall also 18 und 19, so braucht der andere nur noch eine Zahl, nämlich die 20, zu nennen.

Ping-Pong für Anfänger

Ping-Pong ist ein altbekanntes Mathematikspiel, bei dem die Spieler fortlaufend laut zählen, aber eine bestimmte Zahl, z. B. die 4, stets mit „Ping“ ersetzen, egal ob es sich um ein Vielfaches dieser Zahl handelt, also 8, 12 etc., oder um eine Zahl, in der die 4 an einer Stelle steht, z. B. 14, 43.
Nimmt man noch eine zweite Zahl – vielleicht die 5 – hinzu, so wird diese mit „Pong“ ersetzt. In unserem Beispiel würde dann so gezählt werden: „1, 2, 3, Ping, Pong, 6, 7, Ping, 9, Pong, ...“
Ist eine Zahl an der Reihe, die sowohl durch „Ping“ als auch durch „Pong“ ersetzt werden müsste, sagt man einfach „Ping-Pong“.
Grundschulkinder kommen bei diesem Spiel aber schnell durcheinander. Deshalb spielen wir „Ping-Pong“ für Anfänger so: Alle Spieler sitzen im Kreis. Der Spielleiter geht außen um den Kreis herum und nennt die Zahlen laut. Bei jeder Zahl legt er seine Hand auf die Schulter desjenigen Mitspielers, der gerade an der Reihe ist.
Der Spielleiter beginnt also und sagt „Eins“. Der Spieler wiederholt die Zahl laut, da sie ja weder in der 4er-Reihe noch in der 5er-Reihe vorkommt. Der Spielleiter geht zum nächsten Kind und sagt „Zwei“. Wieder wird die Zahl nur laut wiederholt. Kommt der Spielleiter dann bei dem vierten Spieler an, sagt er „Vier“ und der Spieler antwortet mit „Ping“.
So wird weitergespielt. Wer die falsche Antwort gibt, erhält einen Strafpunkt, wer drei Strafpunkte hat, scheidet aus.

Rechenspiel mit Karten

Zwei Schüler sortieren zuerst aus einem normalen Kartenspiel alle Bilderkarten, also Könige, Asse etc., aus. Gespielt wird nämlich nur mit den Karten, die einen Zahlenwert haben, z. B. mit den Achtern, Neunern.
Die Zahlenkarten werden gründlich gemischt und dann in zwei Häufchen auf den Tisch gelegt. Die Kartenrücken schauen dabei nach oben.
Nun dreht der erste Spieler seine oberste Karte um, liest den Wert vor, z. B. „Zehn“, und legt die Karte aufgedeckt in die Tischmitte. Der Spielpartner deckt seine oberste Karte auf, z. B. eine Sieben, zählt den Wert

gleich zur vorhergehenden Zahl dazu und sagt „Siebzehn“. So wird weitergespielt, bis ein Spieler mit seiner nächsten Karte die 50 überschreitet. Wem das gelingt, der gewinnt das Spiel.

Das Mathe-Kartenspiel

Aus einem Stapel Spielkarten werden zuerst alle Asse, Könige, Damen und Buben entfernt, sodass nur noch die Karten mit den Zahlenwerten übrig bleiben. Diese restlichen Karten werden gut gemischt und gleichmäßig an vier Schüler verteilt.
Jeder Spieler zählt nun die Werte auf seinen Karten zusammen, z. B.:

3	+	7	=>	10	+	9	=>	19	+	10	=>	...

Dann notiert jeder sein Endergebnis. Wer das höchste erreicht hat, rechnet das noch einmal mit aufgedeckten Karten den Mitspielern vor und erhält – falls alles stimmt – einen Punkt.
Wer zuerst fünf Pluspunkte ergattern kann, gewinnt das Spiel.

Variation:
Jeder Spieler erhält ein Grundkapital von 100 Punkten und muss nun alle Kartenwerte subtrahieren. Es gewinnt, wem die höchste Punktezahl verbleibt.

Tic – Tac – Toc

Bei diesem Spiel, dessen Grundform wohl die meisten Menschen kennen, geht es darum, in einem Spielfeld, das aus neun gleich großen Feldern besteht, drei zusammenhängende Felder waagrecht, senkrecht oder diagonal zu besetzen.
Zwei Spieler treten dabei gegeneinander an, der eine besetzt die Felder mit einem **X**, der andere mit einem **O**.

Beispiel:

O	X	O
O	X	X
X	X	O

In diesem Fall hat also der Spieler **X** gewonnen, denn ihm ist es gelungen, drei zusammenhängende Felder (senkrecht in der Mitte) zu besetzen.

Variation: Lebendiges Tic – Tac – Toc
Beim lebendigen Tic – Tac – Toc spielen die Schüler – die Mädchen gegen die Buben, die Blonden gegen die Dunkelhaarigen, die Brillenträger gegen die Unbebrillten etc. – auf einem entsprechend großen Spielfeld, das mit Kreide im Pausenhof aufgezeichnet wird, gegeneinander. Dort werden die Felder nicht mit Zeichen, sondern mit den Schülern selbst besetzt.

Die grausame Eins

Die Schüler spielen in kleinen Gruppen von etwa vier Kindern zusammen. Abwechselnd wird gewürfelt und die Würfelaugen werden addiert.
Das geht so lange gut, bis ein Spieler eine Eins würfelt und damit die Spielrunde beendet. Die Summe, die bis dahin erwürfelt wurde, wird notiert. So versucht jede Gruppe ein möglichst hohes Ergebnis zu erreichen.
Nach etwa zehn Minuten ist die Spielzeit für alle Gruppen vorüber. Welche Gruppe hat bis dahin das höchste Einzelergebnis geschafft?

Das Würfelrennen

Ein Bonbon liegt als Schatz auf dem Tisch. In einer kleinen Schachtel befinden sich ca. 200 Trockenerbsen (Büroklammern, Heftklammern, …). Die Schüler sitzen um den Gruppentisch herum, der erste beginnt das Spiel, indem er mit zwei Würfeln gleichzeitig würfelt, z. B. ⚄ und ⚅. Der Schüler rechnet laut „5 + 6 = 11" und nimmt entsprechend viele Erbsen aus der Schachtel. Dann ist der nächste Spieler an der Reihe. So wird weitergewürfelt und gerechnet, bis schließlich ein Spieler die letzte Erbse aus der Schachtel nimmt. Dieser Schüler hat das Würfelrennen gewonnen und erhält das Bonbon als Preis.

Das Gruppengeheimnis

Die Klasse wird in zwei Gruppen geteilt, z. B. in Mädchen und Buben, in Brillenträger und Brillenlose, in Blonde und Dunkelhaarige, in Kinder mit Turnschuhen und Kinder mit anderen Schuhen.
Die Lehrerin verrät aber nicht, nach welchem Prinzip sie die Schüler so eingeteilt hat, denn darauf sollen ja die Schüler selbst kommen. Wer zuerst erkennt, nach welchem Prinzip hier sortiert wurde, darf seinerseits die Schüler in neue Gruppen einteilen.

Kluge Füße

Ein Spieler wird aus dem Klassenzimmer geschickt und zieht sich draußen die Schuhe aus.
Nun legen die Mitschüler ein Seil zu einer beliebigen geometrischen Figur, z. B. Kreis, Quadrat, Dreieck. Dann werden dem Spieler noch vor der Klassenzimmertür die Augen verbunden, bevor man ihn behutsam hereinführt.
Der „Blinde“ darf jetzt mit seinen klugen Füßen die Seilfigur am Boden vorsichtig abschreiten und soll möglichst bald sagen, um welche Figur es sich dabei handelt.
Wer richtig geraten hat, darf den nächsten Spieler auswählen.

Bingo!

Ein Bingofeld besteht aus 4 × 4 Kästchen, die sich jeder Schüler zuerst auf ein Blatt Papier malt. Anschließend schreibt jeder beliebige Zahlen aus dem Zahlenraum von 1 bis 40 in diese Felder. So erhält jeder Schüler sein individuelles Bingospielfeld.

Beispiel:

7	10	37	1
28	34	4	40
33	16	29	23
19	14	20	15

Und dann geht es los! Die Lehrerin stellt ziemlich schnell hintereinander verschiedene Rechenaufgaben, z. B. 3 × 4, 60 – 24, 8 + 7.
Die Schüler rechnen die Aufgaben schnell im Kopf aus und suchen die Ergebniszahlen in ihren Bingofeldern. Wer Glück hat und die entsprechende Zahl eingetragen hat, streicht sie aus.
Wer zuerst vier zusammenhängende Felder waagrecht, senkrecht oder diagonal streichen konnte, ruft „Bingo!“ und ist erster Sieger. Das Spiel wird aber noch so lange weitergeführt, bis insgesamt fünf Bingo-Sieger ermittelt sind.
Um das Auffinden der Zahlen zu erleichtern, kann man den Schülern raten, z. B. alle Einerzahlen in die erste waagrechte Reihe einzutragen, alle Zehner in die zweite Reihe.

Mathe im K.O.-System

Die Schüler werden in drei gleich große Gruppen eingeteilt – A, B und C. Nun hat die Lehrerin drei Sätze mit gleich vielen Zetteln vorbereitet, auf denen jeweils eine Zahl von 1 bis 10 steht. Jeder Zettelsatz steckt in einem Extra-Becher.
Bevor das Spiel beginnt, zieht jeder Schüler eines Teams einen Zettel aus seinem Gruppenbecher und liest heimlich die Nummer, die auf seinem Los steht.
So, nun beginnt das Spiel:
Die Lehrerin nennt eine Aufgabe, z. B. 17 + 5 + 14.
Der Schüler, der zuerst das richtige Ergebnis, nämlich 36, ruft, darf einen Schüler eines anderen Teams ausschalten, indem er z. B. sagt: „Team B, Schüler Nummer 4."
Derjenige, der nun von Team B die Nummer 4 gezogen hat, ist somit aus dem Spiel und kommt vor zur Lehrerin, denn zum Trost darf er jetzt die nächste Rechnung stellen.
Im Laufe des Spiels werden die Teams immer kleiner, bis schließlich nur noch ein Schüler übrig bleibt, dessen Team gewonnen hat.

Persönliche Textaufgaben

Schüler, die sich beim Lösen von Textaufgaben sehr schwer tun, schalten meistens schon ab, wenn sie so eine Aufgabe nur sehen.
Man kann ihr Interesse aber enorm steigern, wenn man ihre Namen in die Aufgabe miteinbaut. Dann heißt es statt „Herr Müller kauft sich ein Auto …" eben „Florian Gerhofer kauft sich ein Auto …".
Sehr beliebt sind auch Aufgaben mit den Namen beliebter Comic-Figuren oder Serienhelden aus TV-Sendungen, die gerade aktuell sind.

Von 1 bis 1000 in zehn Schritten

Dieses Spiel wird in Partnergruppen gespielt, wobei immer ein Kind spielt und rechnet, der Partner nur zuschaut und mitrechnet, damit alles seine Ordnung hat. Nach der Runde werden die Rollen natürlich getauscht.
Bei diesem Rechenspiel geht es darum, zehnmal zu würfeln und ein Gesamtergebnis zu erreichen, das möglichst nahe der Zahl 1000 ist. Dabei dürfen alle Rechenoperationen angewendet werden, z. B.:

	Schüler A			Schüler B		
1.	⚃			⚁		
2.	⚄	4 × 5 =	20	⚅	2 × 6 =	12
3.	⚀	20 + 1 =	21	⚅	12 × 6 =	72
4.	⚂	21 × 3 =	63	⚃	72 × 4 =	288
5.	⚀	63 + 1 =	64	⚀	288 + 1 =	289
6.	⚂	64 × 3 =	192	⚃	289 + 4 =	293
7.	⚁	192 × 2 =	384	⚃	293 + 4 =	297
8.	⚅	384 + 6 =	390	⚁	297 × 2 =	594
9.	⚄	390 + 5 =	395	⚁	594 × 2 =	1188
10.	⚂	395 × 3 =	1185	⚅	1188 − 6 =	1182 Sieger!

Wo hat sich nur die Maus versteckt?

Zwei Spieler treten gegeneinander an. Jeder zeichnet sich zuerst auf ein Blatt Papier 16 kleine Kästchen. Das Spielfeld besteht aus 4 × 4 Kästchen und wird mit Buchstaben und Zahlen wie in der Zeichnung beschriftet.

	A	B	C	D
1				
2				
3				
4				

Nun darf jeder ganz heimlich in einem dieser Kästchen seine Maus verstecken.
Abwechselnd fragen sich nun beide Spieler nach bestimmten Feldern ab, um möglichst als Erster das Mäuslein des Spielpartners zu finden.

Tipp: Sind alle Spieler mit dieser Abfrageart nach Koordinaten vertraut, kann man das Spiel noch spannender machen, indem man mehrere Mäuschen versteckt und das Spielfeld vergrößert.

Riesenformen im Pausenhof

Im Pausenhof werden mit Kreppband riesige geometrische Formen auf den Boden geklebt: ein Quadrat, ein Rechteck und ein Dreieck.
Die Schüler balancieren auf den Linien und achten sehr darauf, dass sie nicht daneben treten.

Zahlen-Magie

Wenn die Schüler lernen sollen, Zahlen auszuschreiben, ist die richtige Zeit für dieses Zauberspiel gekommen.
Die Schüler werden aufgefordert, eine beliebige Zahl in Worten auf ein Blatt Papier zu notieren, also vielleicht zweitausenddreihundertsieben oder vierhundertzwölf usw.
Nun sollen sie die Buchstaben zählen, aus denen die Zahl besteht. Bei zweitausenddreihundertsieben heißt die Zahl 28, der Schüler notiert sie ebenfalls ausgeschrieben, also achtundzwanzig. Wieder werden die Buchstaben gezählt. Diesmal sind es vierzehn. Dieses Wort besteht aus acht Buchstaben und die Zahl 8 wiederum aus vier Buchstaben.
Jeder Schüler wird, egal welche Zahl er ausgewählt hat, am Schluss zur Vier gelangen.

Noch ein Beispiel: → siebzehntausendzweihundertfünf
→ dreißig
→ sieben
→ sechs
→ fünf
→ vier

Formen-Puzzle

Jeder Schüler erhält ein Stück festes, farbiges Tonpapier und einen Briefumschlag. Nun malt jeder nach Belieben eine geometrische Figur auf sein Tonpapier, z. B. einen Kreis, ein Dreieck, ein Quadrat, ein Rechteck, ein Sechseck, ein Oval, und schneidet diese aus.
Die Figur darf dann in vier Puzzleteile zerschnitten werden.
Auf den Briefumschlag wird noch einmal die ausgewählte Figur aufgezeichnet. Jetzt steckt jeder die Puzzleteilchen in den Umschlag und übergibt ihn zuerst einmal seinem Banknachbarn zum Zusammensetzen. Nach dem Spiel werden die Puzzleteile wieder in die Umschläge gepackt, eingesammelt und können so immer wieder neu zum Spielen ausgeteilt werden.

Gummi-Geometrie

Die Kinder spielen in kleinen Gruppen zusammen, jede Gruppe braucht einen „Hüpfgummi" (langes Gummiband, dessen Enden verknotet sind).
Nun sollen die Schüler nacheinander verschiedene geometrische Figuren, z. B. ein Dreieck, ein Rechteck, bilden, indem sie den Gummi entweder von außen halten oder sich selbst als „Ecken" innerhalb der Gummibandfigur aufstellen.

Kartenspiel mit Größen

Um so ein Kartenspiel herzustellen, benötigt man 24 gleich große Blanko-Karten, die man dann jeweils mit drei verschiedenen Größenangaben beschriftet.

Beispiel:

Gewicht: 3,7 t	Gewicht: 6300 g	Gewicht: 2 kg
Länge: 412 m	Länge: 1,2 km	Länge: 3 m 4 dm
Geld: 25 Pf	Geld: 0,75 DM	Geld: 84,50 DM

Die Kärtchen werden gemischt und gleichmäßig an zwei Spieler verteilt. Jeder Spieler legt seine Karten zu einem Stapel aufeinander, sodass nur die oberste Karte aufgedeckt ist. Nun sucht sich Schüler A einen Wert auf seiner Karte aus, der ihm relativ hoch erscheint.

Gewicht: 4 dz
Länge: 5 dm
Geld: 1,38 DM

In diesem Fall würde Schüler A vermutlich den Wert 4 dz vorlesen. Der Spielpartner gibt nun ebenfalls den Wert an, der auf seiner obersten Karte unter der Rubrik „Gewicht“ steht.

Die Größen werden ggf. umgerechnet und verglichen. Wer die Karte mit dem höheren Wert besitzt, schiebt beide Karten unter seinen Stapel und darf gleich den nächsten Wert auf seiner zweiten Karte aussuchen und vorlesen. Das Spiel ist zu Ende, wenn ein Schüler alle Karten in seinen Besitz überführt hat oder wenn die Spielzeit vorüber ist. In diesem Fall zählen beide ihre Karten und wer die meisten hat, ist Sieger.

Merksätze

Ganz wichtige Merksätze oder Umrechnungen, z. B. 1 t = 1000 kg, mit großen Buchstaben auf Blätter schreiben und an die Innenseiten der Toilettentüren kleben.

7 Spielen im Sachunterricht

Geographie-Puzzle

Die Karten aus alten, ausrangierten Erdkundebüchern und Atlanten kann man noch prima zu interessanten und beliebten Geographie-Puzzle-Spielen verwenden.
Die Karte wird ausgeschnitten, auf ein gleich großes Stück Pappe geklebt, ggf. laminiert und dann in Puzzleteile zerschnitten. Eine gleiche Karte aus einem anderen Buch oder Atlas wird ebenso behandelt, jedoch nicht zerschnitten.
So haben die Kinder ein Puzzle und eine wunderbare Vorlage, um ihre Teile zusammenzulegen.
Puzzle-Spiele einzeln in Klarsichthüllen oder in großen, wattierten Versandtaschen aufheben!

Die Brieffreundschaft

Kennen Sie vielleicht eine Kollegin, die in einem anderen Bundesland die gleiche Altersstufe unterrichtet? Das wäre eine tolle Gelegenheit, eine Brieffreundschaft der beiden Klassen einzuleiten.
Gemeinsam schreiben die Schüler einen Brief an die andere Klasse, erzählen von ihrem Schulort, von Attraktionen der Gegend, von ihrem Schulhaus, von Schulproblemen und Hobbys und vielem mehr.
Zusätzlich können die Schüler auch noch Artikel aus der Heimatzeitung ausschneiden, die etwas mit der Schule oder allgemein mit Kindern zu tun haben und diese Ausschnitte ihrem Brief beilegen.
Was für eine Riesenfreude, wenn eines Tages ein Brief von der Partnerklasse kommt! Die Schüler lernen nicht nur interessante Dinge über ein anderes Bundesland, sie üben sich auch im Briefeschreiben und Spaß macht das ganze Unternehmen auch noch.

Die Landkarte der Woche

Jede Woche wird eine Landkarte im Klassenzimmer aufgehängt. Das kann einmal eine Europakarte sein, ein anderes Mal die Karte von Süddeutschland usw.

Neben der Karte wird eine Liste mit zehn Quizfragen befestigt.
Solche Quizfragen sind z. B.:

- Welche Staaten grenzen an Ungarn?
- Wie heißt der längste Fluss Frankreichs?

Schüler, die zwischen den Unterrichtsstunden oder während der Pause Zeit haben, kommen zur Landkarte und beantworten die Quizfragen auf einem Blatt Papier. Wer alle zehn Fragen beantwortet hat, gibt den Zettel der Lehrerin.
Am Freitag in der letzten Stunde werden die Quizergebnisse besprochen und alle Kinder, die die Fragen richtig beantwortet haben, erhalten einen Preis.

Die Städtejagd

Jeder Schüler oder zumindest jede Partnergruppe braucht einen Atlas. Die Lehrerin gibt eine bestimmte Landkarte vor, z. B. die Deutschlandkarte, und dann geht es auch schon los.
Die Lehrerin nennt eine bestimmte Stadt, z. B. Güstrow. Sofort sucht jedes Kind nach dieser Stadt im Atlas.
Wer sie zuerst findet, deutet mit dem Finger darauf und ruft „Stopp!“. Ist die Aufgabe richtig gelöst worden, erhält der Schüler einen Punkt und gibt das nächste Landkarten-Suchrätsel vor.
Wer zuerst drei Punkte ergattert hat, ist Tagessieger der Städtejagd.

Das Landkarten-Quiz

Für dieses Spiel braucht man eine Folie für den Overheadprojektor, auf der der Umriss von Deutschland zu sehen ist, und eine zweite Folie, auf der die einzelnen Bundesländer, deren Hauptstädte, wichtige Flüsse und Gebirgszüge eingezeichnet sind.
Zum Spielen wird die Klasse in zwei gleich große Gruppen eingeteilt, jede Gruppe erhält einen Chip, z. B. ein Pfennigstück.
Und dann geht es los!

Die Lehrerin erteilt einen Arbeitsauftrag, z. B.: „Lege den Chip in das Bundesland Schleswig-Holstein!“
Nun kommt von beiden Gruppen der jeweils erste Schüler an den Projektor und platziert seinen Chip auf die erste Folie.
Mittels der zweiten Folie, die man nun darüber legt, wird allen Schülern klar, ob die beiden Aktiven die gestellte Aufgabe richtig gelöst haben oder nicht. Für jede richtige Platzierung bekommt die jeweilige Gruppe einen Pluspunkt.
Nach etwa 20 Aufgaben ist das Quiz zu Ende. Die Punktestände werden verglichen und die Siegergruppe ermittelt.

Tipp: Bei Aufgaben, z. B. „Lege deinen Chip auf die Stadt Köln!“, erhält derjenige den Punkt, der seinen Chip am nächsten platziert hat. Dazu müssen die Abstände ggf. mit einem Lineal gemessen werden.

Schöne Umschläge

Aus alten, ausrangierten Landkarten und Stadtplänen kann man attraktive Heft- und Buchumschläge basteln.

Das Weltkugel-Spiel

Für dieses Spiel braucht man einen aufblasbaren Weltball.
Die Lehrerin nennt ein beliebiges Land, z. B. Deutschland, und wirft die „Weltkugel“ einem Schüler zu. Der muss nun ganz schnell Deutschland auf dem Ball zeigen.
Hat er das richtig gemacht, nennt er seinerseits ein weiteres Land, z. B. Indien, und wirft den Ball zu einem Mitschüler.

Landkarten-Spiele

Hängen Sie eine Landkarte von Ihrem Bundesland, eine Deutschland-, Europa- oder Weltkarte im Klassenzimmer auf und regen Sie die Schüler an, während kurzer Unterrichtspausen mit der Landkarte zu spielen, z. B.:

- Ein Schüler nennt einen Ort (Fluss, Berg), die anderen suchen diesen schnell auf der Karte. Wer zuerst mit dem Finger auf den Ort deutet, gibt den nächsten Ort vor usw.
- Ein Schüler nennt einen bestimmten Ort, die Mitspieler suchen ihn und geben an, in welchem Bundesland er liegt.
- Ein Schüler nennt ein Bundesland, die Mitschüler nennen die Landeshauptstadt.
- Ein Schüler nennt einen Staat, z. B. Brasilien, die Mitschüler nennen einen angrenzenden Staat, z. B. Paraguay.

Waren aus aller Welt

Die Kinder werden beauftragt, zu Hause verschiedene Haushaltsgegenstände und Lebensmittel nach ihren Herkunftsländern „Made in…“ zu untersuchen und Dinge, die in anderen Ländern hergestellt wurden, mit in die Schule zu bringen.

Aber natürlich wird auch das Klassenzimmer gründlich erforscht und bestimmt kommen hier auch einige Dinge zum Vorschein, die in fremden Ländern produziert wurden.
Nacheinander dürfen die Schüler an die Weltkarte kommen, ihre Artikel vorzeigen und das Herstellungsland auf der Weltkarte zeigen.
Interessant ist auch zu überlegen, auf welchem Weg z. B. ein Bleistiftspitzer „Made in Taiwan" wohl zu uns gebracht wurde und welche Gründe es wohl gibt, dass wir so viele Artikel importieren.

In memoriam

Ein großes Blatt Papier wird in zwölf gleich große Felder unterteilt. Dann schreibt man in jedes Feld einen Monatsnamen und trägt darunter ein, welche berühmte Persönlichkeit in diesem Monat Geburtstag hat.

Januar Wolfgang Amadeus Mozart Albert Schweitzer	**Februar** Thomas Edison	**März** Johann Sebastian Bach Albert Einstein	**April** Hans Christian Andersen Leonardo da Vinci
Mai Johannes Brahms	**Juni**	**Juli** Carl Orff	**August** Johann Wolfgang Goethe
September Eduard Mörike	**Oktober** Alfred Nobel Pablo Picasso	**November** Martin Luther Friedrich Schiller	**Dezember** Ludwig van Beethoven

Jeder Schüler ist einmal im Schuljahr an der Reihe, über eine ausgewählte Persönlichkeit ein kurzes Referat zu halten – natürlich, wenn möglich, genau am Geburtstag dieser Person.

Kleine Berufskunde

Natürlich werden Grundschulkinder noch keinen eindeutigen Berufswunsch äußern können, aber fragt man die Kinder nach ihren Berufswünschen, bekommt man doch von fast jedem Schüler eine klare Antwort. Bauer, Ärztin, Bäcker, Pilot, Astronaut – das sind so die gängigsten Wunschvorstellungen.
Fordern Sie die Schüler auf, sich doch tatsächlich ein wenig näher mit dem gewünschten Beruf zu befassen. Zu Hause sollen die Kinder Eltern, Geschwister, Großeltern befragen und im Laufe der nächsten Tage den Mitschülern so viel wie möglich über den gewünschten Beruf erzählen, z. B. ob man bei dieser Arbeit wohl eine bestimmte Kleidung tragen muss, ob die Arbeit gefährlich ist, ob man eher im Freien oder eher im Haus arbeitet.

Proben aus eigener Herstellung

Kurz bevor eine Sachunterrichtsprobe ansteht, darf jedes Kind eine Probe nach eigenem Gutdünken zusammenstellen und die jeweiligen Antworten auf einem Extra-Zettel notieren.
Nachdem die Proben von der Lehrerin durchgesehen und ggf. verbessert wurden, werden sie gründlich gemischt und an die Schüler verteilt, sodass jeder Schüler eine fremde Probe bearbeiten kann.
Mithilfe des Lösungsblattes, das am Pult einzusehen ist, kann jedes Kind seinen Test selbst korrigieren.
Das Gleiche führt man vor der Probe mehrmals durch, sodass jeder Schüler möglichst viele Schülertests bearbeitet.

Sammlungen

Kinder sind Sammler. Wenn es sich bei dem Sammelgut nicht ausgerechnet um Regenwürmer oder Verweise handelt, sollte man die Kinder auffordern, ihre Sammlung der ganzen Klasse vorzustellen. Ein Kind bringt also z. B. eine Auswahl seiner interessantesten Aufziehtierchen mit in die Schule und erzählt, wie es dazu gekommen ist, ausgerechnet diese Dinge zu sammeln. Interessant wäre auch, wie es seine Sammlung erweitert und welches seine besonderen Sammelstücke sind.

Eine seltsame Sachunterrichtsprobe

Zur Verwunderung der Schüler sind auf dem Aufgabenblatt für die Sachunterrichtsprobe sämtliche Antworten schon eingetragen. Was fehlt, sind die Fragen! Da steht z. B.: „Sie fand an Weihnachten 1704 statt."
Die Schüler müssen die entsprechende Frage eintragen, nämlich: „Wann fand die Sendlinger Bauernschlacht statt?"
Auf diese Weise wird das Wissen der Schüler genauso abgefragt, nur dass das Ganze viel mehr Spaß macht, weil es ungewöhnlich ist.

Was ich schon immer einmal wissen wollte …

Es gibt so viele Fragen, die einem Kind so durch den Kopf gehen. Leider hat nicht jedes Kind einen Ansprechpartner für seine Fragen.
Also fordert man die Schüler auf, solche Fragen auf einen Zettel zu notieren und in einen eigens dafür aufgestellten Briefkasten (Schachtel mit Schlitz im Deckel) zu stecken. Wer will, kann seinen Namen auf den Zettel schreiben.
Weisen Sie ausdrücklich darauf hin, dass die Fragen nichts mit dem Unterrichtsstoff zu tun haben müssen!
Wann immer ein paar Minuten Zeit zur Verfügung stehen, wird eine Frage vorgelesen und von den Mitschülern und der Lehrerin beantwortet.

Ein Freund am Fensterbrett

Toll, wenn jeder Schüler eine Pflanze mit in die Schule bringen darf! Die beständige Pflege der eigenen Pflanze fördert die Verantwortungsbereitschaft.
Interessant ist auch ein Sonnenblumen-Wachstumswettbewerb, bei dem jedes Kind am gleichen Tag ein paar Sonnenblumenkerne einpflanzt und dann alle gespannt beobachten, wessen Pflanze zuerst aus der Erde hervorsprießt, am schnellsten wächst, am schönsten blüht, ...

Die Zehnpfennig-Stunde

In der Sachunterrichtsstunde, die unmittelbar vor einer Sachunterrichtsprobe stattfindet und in der der ganze Probenstoff wiederholt wird, gibt es für jede tadellose Antwort ein blitzeblankes Zehnpfennigstück.
Das macht die Lehrerin nicht arm und die Kinder lernen auf diese „Zehnpfennig-Stunde" wie niemals sonst.
Statt der Zehnpfennigstücke kann man natürlich auch Gummibärchen, Kaugummis oder andere Kleinigkeiten verteilen.

Thema Drogen

Sprechen Sie mit den Schülern über Drogen, bevor es jemand anderes tut!

Wir machen Ordnung

Auf einem Tisch liegen viele verschiedene Gegenstände, z. B. ein Heft, ein Radiergummi, ein Apfel, eine Mütze.
Nun nimmt zuerst die Lehrerin verschiedene Gegenstände weg und legt diese auf einen anderen Tisch. Die Schüler raten, was all diese ausgewählten Dinge gemeinsam haben, bzw. warum sie einer Gruppe angehören. Das können also z. B. alle rechteckigen Dinge (Heft, Radiergummi, Buch, Streichholzschachtel, Kalender), alle roten Gegenstände (Mütze, Apfel, Halstuch, Blume), alle essbaren Dinge oder alle Gegenstände aus Papier sein.
Wer zuerst weiß, nach welchem Prinzip hier Ordnung gemacht wurde, legt diese Sachen wieder zu den anderen zurück und darf selbst eine Gruppe zusammenpassender Dinge als neues Rätsel aufgeben.

Außerhalb des Lehrplans

Nehmen Sie sich die Zeit, den Schülern jeden Tag etwas zu lernen, das nicht im Lehrplan steht!

Tierkinder

Kuh	Ferkel
Pferd	Küken
Hund	Kalb
Henne	Fohlen
Schwein	Lamm
Schaf	Welpe

Jeder Schüler erhält eine Kopie dieser Aufstellung und soll mit einem Stift die Namen der Tierkinder richtig zuordnen.

Variation:
Schwieriger wird das Spiel, wenn jeweils die Tiermutter, der Tiervater und das Tierkind zusammengefunden werden sollen, z. B.:

Kuh – Stier – Kalb.

8 Sportspiele

Der Seiltanz

Auf dem Boden der Turnhalle wird für jede Schülergruppe ein Seil in leichten Kurven ausgelegt. Jeder Schüler darf nun barfuß von einem Seilende zum anderen balancieren.
Im zweiten Durchgang wird mit geschlossenen Augen balanciert. Dann tauschen die Gruppen ihre Plätze, sodass am Ende jeder Schüler einmal über jedes Gruppenseil balancieren durfte.
Ein tolles Konzentrationsspiel!

Die Klassenburg

Die Schüler stellen sich im Kreis auf, und zwar so eng nebeneinander, dass die Schultern jeweils die der beiden Nebenspieler berühren. So eine stabile, prächtige Burg lockt natürlich auch Besucher an. Und da kommt auch tatsächlich schon einer.
Er geht um die Burg herum und stellt fest, dass kein Platz mehr für ihn frei ist. Da er uns aber schon ein bisschen Leid tut, geben wir ihm eine Chance: Der Fremde darf einem beliebigen Burgbewohner auf die Schulter klopfen. Mit ihm macht er einen Wettlauf, z. B. bis vor zum Baum und wieder zurück zur Burg.
Wer zuerst wieder bei der Lücke angekommen ist, darf in die Burg, der andere muss sich wieder einen Partner zum Wettlaufen aussuchen.

Schnelle Stifte

Dass man mit einem gewöhnlichen Bleistift nicht nur schreiben kann, das beweist dieses Spiel:
In der Turnhalle knien alle Schüler nebeneinander in einer Reihe. Jeder Spieler legt seinen Bleistift vor sich auf den Hallenboden.
Sobald dann das Startkommando gegeben wird, pustet jeder seinen Stift zur gegenüberliegenden Hallenwand.
Wessen Stift erreicht die Wand zuerst?

Hasenjagd

Ein Schüler, der sehr schnell laufen können sollte, wird zum Hasen, alle übrigen Mitspieler sind die Jäger.
Der Hase bekommt ein Tuch oder ein Band zum Nachziehen. Auf das Startzeichen hin saust der Hase los, das Tuch immer hinter sich herziehend. Aber schon setzen die Jäger zur Verfolgung an, rasen hinter dem Hasen her und versuchen, auf das Tuch zu treten. Sobald das einem Jäger glückt, wird dieser zum Hasen und der Hase reiht sich bei den Jägern ein.

Klassenweitsprung

Auf einer Wiese, z. B. auf dem Sportplatz, wird der neueste Rekord im Klassenweitsprung aufgestellt.
Ein Schüler nimmt Anlauf und springt so weit wie möglich. Der zweite Schüler springt dort los, wo der erste gelandet ist, usw. Am Ende wird nachgemessen, wie weit die Klasse zusammen gesprungen ist.
Dieser Rekord wird aufgeschrieben, denn in der nächsten Sportstunde versuchen die Schüler natürlich diesen Rekord noch zu überbieten!

Balltransport

Die Schüler sitzen im Kreis auf dem Boden. Einer hält einen Ball zwischen seinen Füßen, stützt sich mit den Armen ab und gibt den Ball mit den Füßen an seinen rechten Nachbarn weiter usw.
Sind die Schüler schon einigermaßen geübt im Balltransport, kommt noch ein zweiter und vielleicht sogar ein dritter Ball dazu.

Der Kartoffelsprung

Ein Schüler legt eine Kartoffel auf einen Löffel und stellt sich an die Startlinie.

Sobald das Startzeichen ertönt, nimmt er Anlauf und springt mit beiden Beinen gleichzeitig ab und gleich nochmal und nochmal – so oft wie möglich ohne dabei die Kartoffel zu verlieren. Wer legt die meisten Sprünge zurück?
Wer springt am weitesten?
Natürlich darf die Kartoffel während des Springens nicht mit der Hand festgehalten werden.

Ball über die Schnur

Dieses wohl allerorts bekannte Spiel wird noch viel lustiger und spannender, wenn man

- über die Schnur Decken, Planen oder Laken breitet, sodass die Spieler nicht sehen können, woher der Ball kommt;
- mit mehreren Bällen gleichzeitig oder mit zwei verschiedenen Bällen spielt, z. B. einem Ball und einem Luftballon;
- wenn die besten Spieler nur noch auf einem Bein hüpfen dürfen;
- wenn die Schnur entsprechend tief gespannt wird und alle Kinder im Sitzen spielen.

Gruppen-Tausch-Ball

Auf jeder Seite der gespannten Schnur stehen gleich viele Schüler hintereinander. Nun wirft der erste Spieler von Gruppe A den Ball über die Schnur zum ersten Mitglied der Gruppe B und läuft unter der Schnur durch, hinüber zur Partnergruppe, wo er sich als Letzter in die Reihe stellt. Spieler B wirft den Ball gleich wieder zum zweiten Kind der Gruppe A und stellt sich seinerseits als Letzter in die A-Reihe.
So wird hin- und hergespielt, bis schließlich die Schülergruppen Plätze getauscht haben.
Je schneller das Spiel durchgeführt wird, umso spannender und lustiger ist es!

Tipp: Nach jedem Durchgang den Ball auswechseln, z. B. durch einen Luftballon, einen Tischtennisball, einen Medizinball.

Sport für Minuten

Kinder brauchen viel Bewegung. Sobald man merkt, dass die Kinder unruhig werden, fordert man sie auf, zum Turnen aufzustehen. Ein Schüler turnt beliebige Figuren vor und die Mitschüler machen ihm alles nach.
Das macht Spaß und ist natürlich besonders spannend, wenn man selbst als Vorturner an der Reihe ist.

Weitwurf

Weitwurf macht besonders viel Spaß, wenn man statt eines Balles einmal etwas ungewöhnliche Dinge werfen kann, z. B.
- Opas ausrangierten Gummistiefel,
- einen nassen Teebeutel,
- einen Riesenkarton (gibt es im Elektrogeschäft),
- einen Luftballon,
- eine „Wasserbombe“.

Fußballspaß

An vielen Schulen findet traditionsgemäß am Ende des Schuljahres ein Fußballspiel „Lehrer gegen Schüler“ statt. Dabei kann man für Spieler und Zuschauer den Spaß verdoppeln, wenn man die Mannschaften gleichzeitig mit drei verschiedenen Bällen spielen lässt, z. B. mit einem Fußball, einem Medizinball und einem Tennisball.
Auch jedes andere Ballspiel wird umso lustiger und spannender, je mehr Bälle im Spiel sind!

Balancieren

Ein Seil wird in Windungen auf dem Boden ausgelegt. Jedes Kind darf nun barfuß auf dem Seil balancieren. Wer das schon gut beherrscht, versucht in den nächsten Spielrunden rückwärts, mit geschlossenen Augen oder mit einem Buch auf dem Kopf zu balancieren.

Tipp: Im Freien macht das Spiel noch mehr Spaß und wird gleichzeitig spannender, wenn man erzählt, dass es sich bei dem Seil ja eigentlich um einen Pfad durch die Schlangengrube handelt und man natürlich tunlichst vermeiden sollte, vom Seil abzurutschen!

9 Kunst im Klassenzimmer

Gespenster-Kunst

Ein trüber, dunkler Novembertag ist bestens dafür geeignet, mit den Kindern Gespenster-Bilder herzustellen.
Jeder Schüler malt zuerst auf ein weißes Blatt Papier ein gruseliges Gespenster-Motiv mit einer etwas angespitzten weißen Kerze oder mit einem weißen Wachsmalstift.
Zusätzlich schreibt jeder Maler in die obere rechte Ecke des Bildes mit Bleistift seinen Namen. Dadurch kennzeichnet man die Bildvorderseite und verhindert, dass später ein Schüler nicht sein eigenes Bild erhält.
Dann werden die Bilder eingesammelt, gemischt und wieder neu an die Schüler verteilt, sodass jeder ein fremdes Bild vor sich hat.
Mit einem dicken Pinsel malt man nun mit schwarzer Wasserfarbe über das Wachsgemälde.
Die Farbe bleibt natürlich nur an den unbemalten Stellen haften und perlt an den gewachsten Stellen ab. So entsteht „von Geisterhand" ein gespenstisches, höchst grauenhaftes Gespenster-Bild.

Plastikabdeckungen

Zum Malen mit Wasserfarben bzw. zum Werken sind Tischabdeckungen dringend nötig.
Alte Plastiktischdecken oder Duschvorhänge eignen sich prima dazu. Fragen Sie die Eltern danach!

Wasserbecher

Zum Malen mit Wasserfarben braucht jedes Kind einen Wasserbecher. Bevor aber nun alle 32 Kinder mit ihren gefüllten Wasserbechern vom Waschbecken zum Platz zurückwackeln und dabei das Klassenzimmer in eine Wasserrutschbahn verwandeln, probieren Sie mal diese Variante: Jedes

Kind stellt seinen leeren Becher auf seinen Platz. Sie füllen eine Gießkanne und gehen dann von Kind zu Kind und füllen die Wasserbecher auf.
Ähnlich funktioniert auch der Rückweg.
Gehen Sie mit einem Eimer von Schüler zu Schüler und gießen Sie (!) das Wasser aus den Bechern in den Eimer.
Als Wasserbecher eignen sich prima Getränkebecher mit Deckel, die man in Schnellimbissketten erhält. Einfach das vorgestanzte Loch im Deckel erweitern und den Pinsel hindurchstecken!

Wunderkugeln

Wunderkugeln herzustellen ist ein herrlicher Spaß!
Jedes Kind braucht Plastilin in mehreren Farben und eine Unterlage zum Kneten.
Zuerst rollt sich jedes Kind eine kleine Kugel in einer beliebigen Farbe. Dann nimmt man ein Stück andersfarbiges Plastilin, walzt es platt und wickelt die Kugel darin ein. Anschließend kommt wieder eine Schicht Plastilin in einer neuen Farbe darüber usw.
Ist die Wunderkugel dann mindestens so groß geworden wie ein Tischtennisball, kommt der große Augenblick. – Vor den Augen der Lehrerin und den Mitschülern darf das Kind seine Wunderkugel in mehrere Scheiben zerschneiden.
Toll, wie die einzelnen bunten Scheiben aussehen! Die Kinder staunen über ihr Wunderwerk und wollen gleich noch eine Wunderkugel basteln!

Knet-Unterlage

Ausrangierte Duschvorhänge oder Plastiktischdecken in setgroße Rechtecke geschnitten, ergeben praktische Unterlagen für Arbeiten mit Plastilin.

Die Mini-Galerie

Jeder Schüler erhält eine leere Streichholzschachtel, die er zuerst außen mit Buntpapier beklebt und beliebig verziert.
Dann bekommt jeder noch zehn winzig kleine Zeichenblätter, jedes genau so groß, dass es in die Schublade der Streichholzschachtel passt.
Ja, und nun dürfen die kleinen Bilder gemalt werden. Ganz nach Lust und Laune entstehen vielleicht ein Selbstportrait, ein Bild von einem Saurier, eine Gebirgslandschaft, eine Blumenwiese usw.
Die fertigen Minibildchen werden übereinander in der Streichholzschachtel gestapelt. Dann tauschen die Kinder ihre Mini-Bildergalerie aus und betrachten die Werke der Mitschüler.

Lotterie für Künstler

Alle Kinder sitzen auf dem Boden. Jedes Kind hält eine stabile Zeichenunterlage auf dem Schoß und legt Buntstifte bereit.
Die Lehrerin hat Zeichenblätter vorbereitet, auf denen sie jeweils in die obere rechte Ecke den Namen eines Schülers geschrieben hat. Nun mischt sie die Blätter gründlich und lässt jeden Schüler ein Zeichenblatt ziehen.
Die Malaufgabe ist klar: Jeder Schüler soll ein Portrait von dem Mitschüler anfertigen, dessen Name auf seinem Zeichenblatt steht.
Nach Fertigstellung der Bilder werden diese natürlich im Klassenzimmer aufgehängt.

Die Druckerei

Grundschulkinder drucken leidenschaftlich gerne und betrachten stolz das schnell entstandene Werk.
Gedruckt wird am besten mit Wasser- oder Fingerfarben. Von Letzterem gibt man jeweils nur so viel in eine Schale, dass der Boden gerade bedeckt ist.

Zum Drucken kann man viele verschiedene Dinge benutzen, z. B. die Finger, die Hände, eine Papprolle vom Toilettenpapier, Radiergummis, Stoffreste, dicke Schnurstücke, ein Schwämmchen, ja sogar mit Murmeln kann man drucken. Die Murmeln werden dazu einfach in Farbe getaucht und über den Papierbogen gekullert.
Achtung: Arbeitsflächen großräumig abdecken! Schüler großzügig verhüllen!

Zeitungsschlange

Jedes Kind erhält einen großen Bogen Papier oder ein Zeitungsblatt und soll daraus eine möglichst lange Papierschlange reißen. Dazu braucht man schon etwas Fingerspitzengefühl, damit die Schlange nicht unverhofft abreißt.
Wer am Ende die längste Schlange vorzeigt, gewinnt.

Riesenmobile

Für ein Riesenmobile braucht man eine Menge Material, Fantasie und Geduld.
Zuerst suchen wir auf dem Schulgelände nach einem passenden Baum mit fast waagrecht ausgestrecktem Ast oder nach einer einsamen Teppich-

stange. Dann sammeln wir, je nach Grundidee, die dem Kunstwerk entsprechenden Materialien.
Wir haben z. B. nach einer Umwelt-Aufräumaktion mit Schulklassen ein Umwelt-Mobile mit den aufgesammelten Gegenständen hergestellt.
Als Mobiledraht kann man die Drahtkleiderbügel von Reinigungsfirmen verwenden. Daran werden mit Fäden und Schnüren die Objekte aufgehängt. Genau wie bei den bekannten Mobiles, nur natürlich viel größer.

Neues aus der Presse

Für diese Arbeit werden alte Zeitungen gebraucht. Spielaufgabe für die Kinder ist, aus dem Zeitungspapier Figuren (Köpfe, Tiere, ...) zu reißen.
Jedes Kind darf nach Fertigstellung des Zeitungswesens seine Figur den Mitspielern vorstellen, z. B.: „Das ist Kuno, der Killerkarpfen aus dem Kirchsee. Berühmt wurde er durch ein Ereignis vor 100 Jahren, als ...“

Farbtöne

Dass Blau nicht gleich Blau sein muss, weiß jedes Kind. Aber wie viele wunderschöne Töne diese Farbe haben kann, erlebt man am besten in dieser Gruppenaufgabe.
Auf ein Stück Tapete (Packpapier etc.) wird in großen, dicken Buchstaben „blau“ geschrieben. Jetzt wälzen die Kinder alte Illustrierte und Kataloge, schneiden lauter verschiedene Blaufarbproben aus und kleben diese kreuz und quer in die Buchstaben. Schon nach kurzer Zeit entsteht in den Buchstaben ein wahres Meer verschiedenster Blautöne.
Ist das Bild fertig, können wir ja versuchen, einzelnen Blautönen bessere, genauere Namen zu geben, z. B. taubenblau, karibikblau, himmelblau.
Klar, dass man solche speziellen Farbbilder auch mit anderen Farben gestalten kann.

Scharfe Scheren

Scheren werden schnell wieder scharf, wenn man damit ein paarmal in Sandpapier schneidet.

Die Bilderpantomime

Etwa zehn verschiedene Bilder, z. B. Kunstdrucke eines alten Kalenders, werden an die Tafel geklebt. Die Kinder betrachten die Bilder genau und jeder sucht sich heimlich ein Bild aus, das ihm am besten gefällt.
Nun darf ein Kind vor die Klasse treten und soll pantomimisch darstellen, was auf seinem Lieblingsbild zu sehen ist. Das Kind, das zuerst erkennt, um welches Bild es sich bei der Darstellung handelt, darf als Nächstes sein Lieblingsbild vorspielen.

Der Kartoffelstempel

Zum Bedrucken von Geschenkpapier, Tischdecken, Briefpapier usw. eignen sich Kartoffelstempel prima.

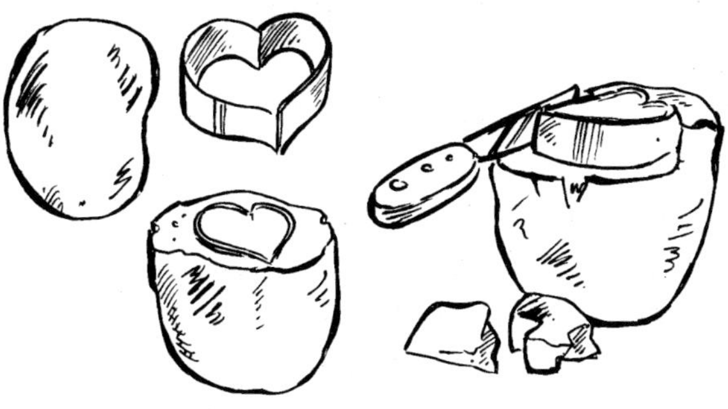

Am leichtesten macht man sie auf diese Weise: eine Kartoffel in der Mitte durchschneiden, dann ein Ausstechförmchen, z. B. ein Herz, fest in die Schnittfläche einer Kartoffelhälfte drücken. Nun kann man mit einem Messer problemlos alles Kartoffelfleisch um das Metallförmchen herum abschneiden und dabei sichergehen, dass man nicht aus Versehen ein Stück vom Ornament abschneidet. Erst am Schluss, wenn alle Kartoffelreste säuberlich abgeschnitten sind, wird das Förmchen entfernt. Zurück bleibt – gestochen scharf – das gewünschte Ornament.

Der Anti-Karies-Kleber

Weiße Zahnpasta eignet sich prima, um Bilder und Poster an Wänden und Fenstern im Klassenzimmer zu befestigen.

Kunsttransport

Die Papprollen von Küchenpapier, Klarsichtfolien etc. unbedingt sammeln!
Wenn Kinder ihre Kunstwerke nach Hause bringen wollen, rollt man das Bild vorsichtig zusammen und schiebt es in die Papprolle. So erreichen die Bilder meist faltenfrei, knickarm und sauber das Elternhaus.

Tipp: Man kann das Bild auch außen um die Papprolle wickeln und mit einem Gummiring fixieren.

Alternativ-Pinsel

Für alle Kinder mit Entdeckergeist ist es ein tolles, kreatives Erlebnis, den Pinsel einmal durch folgende Alternativen zu ersetzen.
Gemalt werden kann mit: Wattestäbchen, kleinen Schwämmen oder Schaumgummistücken, Wattebällchen, Moospolstern, Federn, Fingern, Stoff- oder Pelzstückchen.

Pappzylinder

Reisebüros verschenken oftmals stabile Pappzylinder mit Deckel, in denen ihnen Poster der Reiseunternehmen zugeschickt werden. Diese Pappzylinder sind ideal zum Aufbewahren von Kinderzeichnungen, Postern, Karten, Bastelpapieren usw.

Filzstift-Pinsel

Eingetrocknete Filzstifte kann man noch prima zum Malen mit Wasserfarben benutzen.
Je dicker die Spitze, umso besser!

Fingerfarben

Ein Backblech eignet sich vortrefflich, um mit Fingerfarben bemalt zu werden. So ist die Malfläche eindeutig begrenzt, die aufgebogenen Kanten des Backblechs verhindern, dass sich die Farbe auf dem Arbeitstisch ausbreitet.
Wer einen Papierabdruck des Gemäldes möchte, legt nach Fertigstellung einfach ein großes Zeichenblatt über das Blech und drückt es mit den Händen an. Dann wird das Papier vorsichtig wieder abgezogen – und das Gemälde befindet sich auf dem Papier.
Das Backblech wird nach getaner Arbeit einfach unter den Wasserhahn gehalten.
Übrigens: Fingerfarben kann man selbst machen, indem man Speisestärke mit Wasser anrührt und mit Lebensmittelfarbe einfärbt.
Kleine Kinder tun sich viel leichter beim Malen, wenn sie dabei stehen dürfen.

Wassermalerei

An einem sehr heißen Sommertag dürfen die Schüler Wasserbilder auf den asphaltierten Pausenhof malen.
Jedes Kind wird mit einer Wasserpistole, Sprühflasche oder einer kleinen Gießkanne ausgerüstet. Eine Plastikwanne mit Wasser zum Nachfüllen der „Malgeräte“ steht ebenfalls bereit. Am lustigsten ist es natürlich, wenn alle Kinder ein gemeinsames Werk, z. B. „Wassermonster im Schulhof“, anfertigen.
Was so schön ordentlich beginnt, endet fast zwangsläufig in einem Wasserplantschbad für glückliche Grundschüler. Darum ist es wichtig, dass die Sonne scheint und die Kinder sich abtrocknen, bevor sie wieder ins Klassenzimmer gehen.

Wachsmalkreiden

Wachsmalkreiden brechen nicht so leicht, wenn man ihren Mittelteil mit Tesafilm umwickelt.
Wachsmalkreiden lassen sich prima mit einem Kartoffelschäler spitzen.
Reste von Wachsmalkreiden kann man in einem Töpfchen schmelzen. Die Flüssigkeit gießt man in kleine Förmchen und lässt sie im Kühlschrank erkalten.

Kleberreste entfernen

Kleberreste auf Kinderhänden gehen am besten weg, wenn man die Stellen mit Zahnpasta einseift.

10 Wo man singt, ...

Musikfantasie

Alle Schüler setzen sich in einigem Abstand voneinander auf den Boden. Die Lehrerin fordert sie auf, die Augen zu schließen und so bequem wie möglich zu sitzen. Dann erklärt sie den Kindern, dass sie nun Musik hören werden, die ihre Fantasie auf die Reise schickt.
Sie sollen ihren Gedanken freien Lauf lassen. Es kommt keinesfalls auf eine Interpretation der Musik an, sondern ausschließlich auf die bei jedem Hörer geweckte Fantasie. Nach fünf Minuten lässt man die Musik behutsam verklingen. Die Schüler berichten nun von den Bildern, die ihnen zur Musik erschienen sind.
Welche Empfindungen sind einem durch den Kopf gegangen?

Tierischer Gesang

Wem das Singen von ganz normalen Kinderliedern viel zu langweilig ist, der probiere doch einmal in Frosch-, Hund-, Kuh- oder Schafsprache zu singen.
Klingt umwerfend!
Aus einem Lied wie „Hänschen klein“ wird dann vielleicht „Wauwau wau“.

Bewegung mit Musik

Ein Schüler wird ausgewählt, der an diesem Tag der „Fitness-Häuptling“ sein darf. Er stellt sich vor die Klasse, schaltet die Musik ein und macht bestimmte gymnastische Übungen vor, z. B. auf dem Platz laufen oder „Hampelmann“. Die Mitschüler machen alle Übungen nach.
Die Fitness-Übung dauert so lange wie das ausgewählte Lied.

Tipp: „Fitness-Häuptling“ wird z. B. das Geburtstagskind des Tages oder vorzugsweise ein Schüler, der ein hohes Bewegungs- oder Geltungsbedürfnis hat.

Ein Sänger unter vielen

Ein Kind steht mit geschlossenen Augen vor der Klasse, während alle anderen gemeinsam ein Lied singen. Ein Schüler aber – er wurde vorher bestimmt – singt ganz besonders laut.
Kann das „blinde" Kind heraushören, wer das ist?

Die Liederkatastrophe

An der Tafel stehen die Titel von vier verschiedenen Liedern, die alle Kinder in der Klasse gut beherrschen.
Nun darf sich jeder Schüler still und heimlich eines dieser Lieder aussuchen. Sobald die Lehrerin das Startzeichen gibt, stehen alle Schüler auf und jeder singt lauthals sein ausgewähltes Lied. Während man selbst singt, achtet man aber genau auf den Gesang der Mitschüler, um herauszuhören, wer noch das gleiche Lied singt.
Alle Kinder, die dasselbe Lied ausgewählt haben, sollen sich nämlich schnell zusammenfinden und in einer Ecke des Klassenzimmers aufstellen.

Achtung:
Weisen Sie die Schüler darauf hin, dass sie so lange weitersingen müssen, bis das Gruppieren abgeschlossen ist. Dazu kann es nötig sein, das Lied zweimal oder öfter zu singen!

11 Fantasiespiele

Gemeinsamkeit

Memory-Kärtchen werden gut gemischt und mit dem Bild nach unten auf dem Tisch ausgelegt.
Nun wird ausgelost, wer das Spiel beginnen darf. Dieser Spieler deckt zwei beliebige Kärtchen auf, z. B. Messer und Säge. Nun muss er schnell eine Gemeinsamkeit dieser beiden Gegenstände angeben. Vielleicht sagt er: „Beides sind Schneidewerkzeuge." „Beide Dinge sind gefährlich, man kann sich damit verletzen."
Wenn ihm eine Gemeinsamkeit eingefallen ist, darf er diese beiden Kärtchen behalten und ein zweites Mal sein Glück versuchen. Fällt ihm keine Gemeinsamkeit ein, so legt er die Kärtchen wieder verdeckt auf ihren Platz und sein Nachbar ist an der Reihe.
Wer am Schluss die meisten Kärtchen besitzt, hat gewonnen.

Tipp: Auch in der Schreibung der entsprechenden Wörter kann eine Übereinstimmung stecken, z. B.: Engel und Elefant beginnen mit E.

Geräusche-Memory

Geräusche-Memory wird zu zweit oder in kleinen Schülergruppen gespielt. Man braucht dafür etwa 20 kleine, gleiche Schächtelchen, z. B. Zündholzschachteln oder Filmdöschen, und verschiedene Geräuschemacher, z. B. Reiskörner, Steinchen, Kaffeebohnen, Nudeln, Leinsamen, Büroklammern, Murmeln, Perlen. Je zwei Döschen werden mit dem gleichen Inhalt gefüllt, gut verschlossen und auf den Tisch gestellt.
Die Spieler losen aus, wer den Anfang machen darf. Dieser Spieler nimmt ein beliebiges Döschen und schüttelt es, sodass alle Mitspieler das Geräusch hören können. Nun greift er zu einem beliebigen zweiten Döschen, das er nun ebenfalls schüttelt. Sind die Geräusche gleich, darf der Spieler die Döschen öffnen und nachsehen, ob der Inhalt tatsächlich gleich ist. Wenn ja, darf er beide Döschen behalten und noch einmal sein Glück versuchen. Sind die Geräusche ungleich, werden die Döschen wieder genau auf ihren Platz gestellt. Alle Spieler versuchen sich einzuprägen, wo welches Geräuschdöschen steht. Dann ist der nächste Spieler an der Reihe.

Haben alle Döschen einen Besitzer gefunden, werden sie gezählt. Gewonnen hat derjenige, der sich die meisten Döschen „erlauscht“ hat.

Nichts als Ausreden

In Sachen „Ausreden“ sind Kinder ja bekanntlich sehr fantasievoll. Den Schülern wird eine Situation vorgegeben, z. B.: „Ich kann jetzt noch nicht ins Bett gehen, weil …“ Zusätzlich werden die Kinder noch aufgefordert, möglichst originelle Ausreden zu erfinden.
Man höre und staune dann über die Ergebnisse!

Beispiele:
„Ich kann jetzt noch nicht ins Bett gehen, weil der Mond gerade in mein Zimmer scheint und mir die Füße einschlafen.“
…, weil ich Angst habe, dass das Telefon noch mal klingelt und ich davon aufwachen könnte.“

Die Gedankenreise

Eine aufgedrehte Schülerschar wird schnell wieder ruhig, wenn man auf Gedankenreise geht.
Alle Schüler schließen die Augen. Dann beschreibt die Lehrerin eine Fahrt (Flug, Wanderung) an einen außergewöhnlichen Ort, z. B. in die Weihnachtswerkstatt vom Nikolaus, in ein Indianerzeltlager.
Den Schülern wird erklärt, dass sie selbst alles sehen, hören, riechen, fühlen können, jedoch von den Personen oder Tieren nicht entdeckt werden.
Nach einer Weile reisen die Kinder wieder zurück ins Klassenzimmer, öffnen ihre Augen und erzählen, was sie erlebt haben.

Das Projektor-Puzzle

Eine Folie für den Overhead-Projektor wird in mehrere Rechtecke geschnitten. Dann zeichnet man auf jedes Rechteck ein beliebiges Bild, z. B.

ein Auto, einen Baum, eine Zahl oder einen Buchstaben. Schließlich schneidet man ein Bild in etwa acht Puzzleteile.
Der Projektor wird eingeschaltet und die Lehrerin legt ein Puzzleteil auf die Projektorfläche. Alle Kinder schauen sich das Teilbild genau an. Wer errät, um welchen Gegenstand es sich da wohl handelt?
Kommt niemand auf die Lösung, fügt die Lehrerin ein zweites Puzzleteil hinzu. Jetzt wird das Bild schon deutlicher.
So wird weitergespielt, bis schließlich ein Schüler den richtigen Begriff nennt.
Zur Kontrolle wird das ganze Puzzlebild gezeigt.

Ziffern erfinden

Buchstaben gibt es bekanntlich kleine und große. Aber die Zahlen kennt man nur in einer Form. Wie ungerecht!
Gleich machen wir uns ans Werk und erfinden zu den bekannten Ziffern noch je einen großen Bruder dazu.
Jedes Kind sucht sich eine Lieblingszahl aus und dann geht es los!

Pseudonym

Viele bekannte Schriftsteller, Sänger, Maler arbeiten unter einem Namen, den sie sich selbst ausgesucht haben. Wie würdest du dich nennen?
Jeder Schüler überlegt sich einen Wunschnamen, schreibt ihn auf einen Zettel und faltet den Zettel zusammen. Nach dem Einsammeln öffnet die Lehrerin einen Zettel und liest den Namen vor.
Wer könnte hinter diesem Pseudonym stecken?
Kann man aufgrund des Traumnamens auf die jeweilige Person schließen?
Wer tippt richtig?

Das Quatsch-Lexikon

Bei diesem Spiel geht es in erster Linie um die Aktivierung von Fantasie und Kreativität bzw. darum, Sprechanlässe zu bieten, bei denen jedes Kind einen Beitrag leisten kann.
Der Spielleiter stellt eine Quatschfrage, z. B.:
- „Warum läuft der Hund auf vier Beinen?"
- „Warum hat ein Zebra Streifen?"
- „Warum ist der Schnee weiß?"
- „Warum gibt es bei uns keine Saurier mehr?"

Die Schüler sollen nun keinesfalls nach richtigen Begründungen suchen, sondern sich Fantasieantworten überlegen, z. B.: „Hunde hatten früher fünf Beine. Aber womit sollten sie denn wedeln, wenn sie sich über etwas freuten? So beschlossen sie, mit einem Bein zu wedeln. Im Laufe der Jahre entwickelte sich das fünfte Hundebein zum Schwanz."

Ein Tag im Leben …

- Was macht wohl ein Elefant den ganzen Tag im Tierpark?
- Womit verbringt die Königin von England den ganzen Tag?
- Was tut ein Vogelbaby im Nest gegen Langeweile?

Solche und ähnliche Fragen beschäftigen uns beim folgenden Aufsatz-Fantasiespiel.

Schreiben Sie auf so viele Zettel, wie Kinder in der Klasse sind, jeweils den Namen einer außergewöhnlichen Person oder eines Tieres, z. B.:

Osterhase	Fliege	Hund	Schnecke	Königin von England	Nikolaus

Jedes Kind hat zuerst etwa zehn Minuten Zeit, sich in seine Fantasiefigur hineinzudenken und sich den Tagesablauf vorzustellen. Am besten geht das bei geschlossenen Augen.
Dann sollten sich die Kinder Stichpunkte auf ein Blatt Papier machen, z. B.:

Vogelbaby

- kuscheliges Nest
- Papa bringt Würmer.
- Mama warnt.
- Ich lerne piepsen.
- Bruder ärgern
- Spaziergang auf dem Nestrand

Nun darf ein Kind der ganzen Klasse seinen Tagesablauf beschreiben. Die Mitschüler raten, um welche Person oder welches Tier es sich handelt. Auch wenn das ziemlich schnell erraten wird, hören wir dem Erzähler weiterhin zu!
Das Kind, das zuerst den richtigen Begriff genannt hat, darf danach mit seiner Erzählung beginnen.

Einkreisen

Ein Schüler geht nach vorne, wo er von der Lehrerin einen Begriff ins Ohr geflüstert bekommt, z. B. Hund, Fenster, Tankstelle, Baum.
Nun dürfen die Mitschüler Fragen stellen, wobei das Kind nur mit Ja oder Nein antworten darf. Aber es hat die Möglichkeit, den Begriff pantomimisch darzustellen, um seinen Mitschülern auf die Sprünge zu helfen.

Bei dem Begriff „Hund“ geht das ja ziemlich gut, bei „Tankstelle“ jedoch brauchen die Schüler schon eine Portion Fantasie.
Die Lehrerin achtet darauf, dass die Befragung nicht in ein „Rate fix“ ausartet und die Schüler beliebige Begriffe nach vorne rufen. Wichtig ist, dass die Schüler lernen, den Begriff durch Fragen nach Oberbegriffen einzukreisen. Also nicht: „Bist du ein Gänseblümchen?“, sondern: „Bist du eine Pflanze?“ usw.
Jeder Schüler, der ein Ja auf seine Antwort erhält, darf weiterfragen. Bei einem Nein ist der nächste Schüler an der Reihe.
Wer schließlich den richtigen Begriff errät, darf als Nächster vor die Klasse treten.

Als ob ...

Bei diesem Spiel ist in erster Linie Fantasie gefragt. Die Lehrerin gibt einen bestimmten Halbsatz vor – die Schüler suchen nach möglichst vielen Arten, den Satz zu vervollständigen.

Beispiel:
Ewalds Schuhe glänzen, als ob ...
Die Schüler finden vielleicht: ... sie lackiert wären.
... sie aus Silber wären.
... er sie eine Stunde lang poliert hätte.
... sie nagelneu wären.

Weitere Beispiele:
Professor Ungut schreit so laut, als ob ...
Plötzlich war es so dunkel, als ob ...

Besuch vom Mars

Ein Marsmännchen ist im Pausenhof einer Schule gelandet und staunt über das Schulhaus und die vielen Kinder.
Wie würdest du ihm erklären, was eine Schule ist und was Kinder und Lehrer dort tun?

Das Ding in meiner Hand

Bei diesem Spiel wird einem bewusst, wie Sprache in Vorstellung umgesetzt wird und sich Details in Gedanken puzzleartig zusammensetzen, bis ein bekanntes Bild entsteht.
Die Schüler sitzen im Kreis und halten die Augen geschlossen. Die Lehrerin beginnt die erste Runde. Unter einem Tuch verborgen hält sie einen beliebigen Gegenstand in der Hand, den sie nun den Spielern beschreibt. Sie sagt z. B.: „Der Gegenstand ist klein. Er fühlt sich kühl an. Er ist aus Metall. Am oberen Ende ist er rund mit ebenfalls rundem Loch. Nach unten hin ist er länglich, am unteren Ende sogar ein wenig spitz. Die eine Längsseite ist glatt, die andere mit vielen spitzen Zacken versehen.
Nach jeder Angabe wird eine deutliche Pause gemacht. Zählen Sie in Gedanken bis fünf!

Wer glaubt, die Lösung zu wissen, der flüstert sie der Lehrerin ins Ohr. Wenn der Gegenstand richtig erraten ist, dürfen alle Spieler die Augen wieder öffnen und den Gegenstand anschauen.

Anmerkung:
Natürlich müssen die Spieler ihre Augen nicht unbedingt schließen, da die Gegenstände ja unter einem Tuch verborgen sind. Manchen Menschen ist es auch unangenehm, in Gesellschaft die Augen zu schließen. Zum Eindenken und Vorstellen des Gegenstandes wäre es jedoch sehr hilfreich.

Das Eindenker-Spiel

Die Lehrerin bereitet mehrere Kärtchen vor und schreibt auf jedes eine beliebige, möglichst lustige Frage, z. B.: „Was machst du, wenn du nach der Schule nach Hause kommst?“ „Du hast im Lotto eine Million gewonnen. Wie verändert sich dein Leben?“
Ein Spieler zieht ein Kärtchen und liest still für sich die Frage. Nun beantwortet er sie, aber ohne dabei noch einmal auf die Fragestellung einzugehen. Die Mitspieler sollen nun raten, um welche Frage es sich gehandelt hat.

Gemeinsames Merkmal

Die Schüler sitzen im Kreis, ein Kind wird vor die Tür geschickt.
Nun überlegen sich die Spieler Gegenstände, die eine Gemeinsamkeit aufweisen.
Beispiel: Himmel, Veilchen, Wasser, Taube (Gemeinsamkeit: Alle Dinge sind blau.)
Oder etwas schwieriger: Watte, Wolle, Kissen, Pelz (Gemeinsamkeit: Alle Dinge sind weich.)
Oder noch etwas schwieriger: Ferkel, Kork, Schurke, Parkplatz (Gemeinsamkeit: Alle Wörter weisen die Buchstabenkombination „rk“ auf.)
Haben die Spieler die Gemeinsamkeit festgelegt, wird der Rater hereingeholt. Die Kinder teilen ihm die Wörter mit und er soll das gemeinsame Merkmal aller genannten Begriffe herausfinden.

Sprichwort-Theater

Bei diesem Spiel werden Sprichwörter wörtlich genommen und den Mitschülern in dieser deutlichen Art und Weise vorgespielt.
Zwei Schüler arbeiten und spielen zusammen. Zuerst überlegen sie sich ein beliebiges Sprichwort oder eine Redensart, die man möglichst einfach pantomimisch darstellen kann.

Beispiele:
- Wer anderen eine Grube gräbt, fällt selbst hinein.
- Mit jemandem Pferde stehlen.
- Jemanden hinters Licht führen.
- Morgenstund' hat Gold im Mund.
- Mit jemandem ein Hühnchen rupfen.
- Ein Brett vor dem Kopf haben.
- Jemandem einen Floh ins Ohr setzen.

Während zwei Schüler das Sprichwort szenisch darstellen, raten die Mitspieler. Wer meint, das Sprichwort erraten zu haben, ruft „Stopp!“.
Die Schauspieler erstarren in ihrer jeweiligen Position, bis sie durch die richtige Antwort erlöst werden oder nach einer falschen Antwort wieder weiterspielen.

Gerüchteküche

Die Lehrerin schreibt vor dem Spiel beliebige Schlagzeilen auf Zettel, z. B. „Schüler beißt Lehrerin!“.
Die Zettel liegen mit der Beschriftung nach unten auf dem Tisch. Ein Schüler zieht einen Zettel und liest laut die darauf befindliche Schlagzeile vor.
Der rechte Nachbar nimmt diese Schlagzeile für bare Münze und weitet die Angelegenheit frei nach seiner Fantasie aus. Sein rechter Nachbar fährt in der Geschichte fort, hält also alles bisher Gesagte für wahr und schmückt nun hier und da noch etwas aus und fabuliert weiter.
So zieht sich die Geschichte von Mitspieler zu Mitspieler, bis sie einmal im Kreis gewandert ist.

Die Erfahrung zeigt, dass unsere Fantasie zu unglaublichen Leistungen fähig ist und, einmal angeregt, immer weitere Kreise zieht und die Geschehnisse immer sensationeller werden.

Tipp: Während der letzte Schüler der Runde die Geschichte erzählt, lassen Sie ein Tonband mitlaufen. So kann man am Ende nochmal direkt die Schlagzeile mit der Geschichte aus der Gerüchteküche vergleichen.

Was passiert als Nächstes?

Ein Bild von einer beliebigen Situation, in der mehrere Personen und/oder Tiere vorkommen, wird mit dem Overhead-Projektor für alle Kinder sichtbar gemacht.
Die Kinder betrachten das Bild genau.
Dann fragt die Lehrerin: „Was passiert als Nächstes?“
Die Schüler dürfen beliebige Ideen formulieren, wobei jedoch darauf zu achten ist, dass jede weitere Idee auf die vorangegangenen Beiträge eingeht.

Ein Schüler sagt vielleicht: „Das Kind wird die Katze am Schwanz ziehen.“
Ein anderes Kind sagt: „Die Katze erschrickt und springt auf die Fensterbank.“